Заклинания и ритуалы

для

Здоровье

Все ритуалы, заклинания, амулеты и талисманы для привлечения здоровья и благополучия в вашу жизнь.

По ссылке

Alina A. Rubi

Angeline Rubi

Введение

Оздоровительные заклинания и ритуалы с помощью белой магии помогают улучшить здоровье, но особенно важно помнить, что они не заменяют ни врача, ни назначенного им лечения.

В средние века магов сжигали заживо, в наше время их сатирически высмеивают, что ужасно, потому что высмеивание не порождает мучеников. Религия боится магии, потому что боится, что маги заменят священников, и поэтому отвергает все, что не укладывается в ее догмы. К счастью, сегодня есть люди, которые осмеливаются преодолевать все эти барьеры.

Привороты на здоровье чрезвычайно популярны в мире магии, после любовных и денежных приворотов они пользуются большим спросом благодаря своей высокой эффективности, хотя их нелегко выполнить, поскольку здоровье - тема деликатная.

Почему мои заклинания не работают?

Существует бесконечное множество причин, по которым заклинание может не сработать, и заключается она в том, что, сами того не осознавая, мы совершаем ошибки. Энергия ритуалов тратится впустую, если многие люди знают, что вы делаете. Если вам нравится заниматься магией, вы не распространяетесь об этом, вы должны сохранить свою энергию для ритуалов, которые вы собираетесь практиковать. Эта эпоха и является одним из самых важных правил колдунов.

Особенно важно определить цель или назначение ритуала или заклинания, поскольку это придаст жизненную силу выполняемой работе. Когда мы начинаем работать с магией, мы должны точно знать, какой цели мы хотим достичь. Мы должны уметь кратко сформулировать свою цель в одном логическом предложении.

Мы должны убедиться, что у нас есть все компоненты, которые нам понадобятся, и что они свободны от негативных энергий. У каждого ритуала есть список для его подготовки, но нужно помнить, что мы можем делать замены, если вы нашли какой-то элемент, то можете заменить его другим, и он будет выполнять ту же задачу.

Ключевое значение имеет наше настроение, наши эмоции должны быть сбалансированы, мы должны чувствовать себя уверенно и оптимистично. Не должно быть ни малейшей возможности, что мы хотим причинить вред другому человеку. Результат ритуала во многом зависит от вас. Важно, чтобы ваши эмоции соответствовали методу, например: если вы хотите денег, предполагайте, что вы получите их в большом количестве. Подход влияет на результат.

Чтобы добиться положительных результатов, необходимо практиковать их в нужное время.

Эти магические периоды связаны с астрологией, и мы должны знать их и планировать свои ритуалы на эти периоды времени, которые будут наиболее подходящими для осуществления нашей магии.

Не следует одновременно выполнять заклинания одного и того же типа, так как это вызывает пересечение энергий. Сосредоточьтесь только на одном для получения хорошего результата, ибо от одного только факта попытки вы перестанете работать должным образом, одной только мысли о выполнении других уже достаточно, чтобы ослабить первый ритуал. Самое разумное - усилить первую работу. Никогда не занимайтесь магией ради экспериментов - это может вызвать трудности в повседневной жизни, так как может спровоцировать появление странных энергий. В особых обстоятельствах, например в экстренных ситуациях, ритуал повторяется не менее трех раз, в последовательные дни одной и той же недели, в назначенное Землей время, а в некоторых случаях трижды в один день, но всегда в соответствующее время.

Четыре кардинальные точки являются основными для получения хороших результатов в магической практике. Кардинальные точки отличаются положением Солнца относительно Земли: Север, Юг, Восток, Запад.

Природа руководствуется этими четырьмя точками, так что каждой из них принадлежит один из ритуальных элементов. Каждый из них обладает уникальными качествами и энергиями.

Север связан с землей, безопасностью и постоянством. Это женская и плодородная энергия. Она символизируется зеленым цветом. Она связана со здоровьем и силой физического тела. Эта точка благоприятствует денежным ритуалам и успеху.

Запад соответствует воде, он эмоционален, чувствителен, обычно представлен синим цветом. Практики, посвященные этой кардинальной точке, активизируют всевозможные проблемы.

Юг — это огонь, он показывает энергию, психическую активность, страсть и желание. Это мужская энергия. Ему соответствует красный цвет.

Восток представляет собой воздух, ассоциируется с интеллектом, творчеством, абстракцией, умственными способностями. Это мужская энергия, ее цвет - желтый.

Все элементы имеют первостепенное значение в нашей жизни и обладают как положительными, так и отрицательными характеристиками. Их необходимо знать, чтобы правильно направлять и защищать энергии. Все магические ритуалы можно начать с обращения к кардинальным точкам и формирования энергетического круга, в пределах которого будут вызываться священные сущности. Каждая из этих географических точек обладает особой вибрацией, которую необходимо знать, чтобы использовать ее в наших ритуалах.

Магический круг для ваших ритуалов

Магический круг — это освященный круг, в котором совершается тайная работа. Это герметичное пространство для заклинаний и магических ритуалов, оно служит защитным барьером от плохих энергий.

В этом магическом круге человек, проводящий ритуал, может вызвать или призвать любое духовное существо, которое ему необходимо для помощи в проведении ритуала. Магические круги создаются таким образом, чтобы маг и люди, участвующие в ритуале, оставались в них во время магического действия. Для того чтобы круг выполнял функцию стены-убежища, он должен быть чистым и священным.

Перед началом ритуала необходимо разграничить пространство для его проведения. Мы не все рисуем круг одинаково, ориентируйтесь на то, что наиболее целесообразно для вас. Особенно важно определить пространство, которое вы собираетесь использовать для проведения ритуала, изучить, должны ли вы сидеть или стоять, будете ли вы в одиночестве или вас будут сопровождать другие люди.

Перед очерчиванием круга необходимо убедиться, что все необходимое для проведения ритуала у вас есть. Если по каким-то причинам вам необходимо прервать ритуал, постарайтесь представить себе небольшую дверь в круге, которую можно закрыть до тех пор, пока вы не вернетесь. Таким образом, круг не будет разорван. Очистите место проведения ритуала, физически очистите его, организуйте и пропылесосьте, если это необходимо. Очистите помещение от негативных энергий и можете приступать к обведению круга.

Это можно сделать разными способами, обычно это делают с помощью волшебной палочки или руки. Используемый инструмент не обязательно должен касаться земли, достаточно просто направить его вниз. Визуализируйте энергию, выходящую из вас, и сфокусируйте ее на доминирующей руке. Сконцентрируйтесь на своем инструменте и представьте, как из него исходит луч энергии и сливается с землей. Некоторые колдуны используют четыре точки (север, юг, восток и запад), если ритуал предполагает обращение к ним. В некоторых случаях круг очерчивается свечами или камнями. Рекомендуется представлять круг как сферу энергии. После того как круг нарисован, можно приступать к ритуалу, но ни в коем случае нельзя забывать о его существовании.

Для открытия круг обозначается в пользу стрелок часов, а для выхода и закрытия - против часовой стрелки. Для защиты круга, а также для его визуального обозначения можно положить четыре черных турмалина в четырех кардинальных точках. Когда вы замыкаете круг, вы собираете их и очищаете морской солью.

В заключение можно резюмировать, что ритуалы состоят из двух значимых этапов: организации и проведения. Во время подготовки мы определяем цель ритуала, время и день начала, соответствующие цвета, свечи, благовония, устройство алтаря. Одежда, которую мы будем использовать, должна быть исключительно легкой, чтобы можно было двигаться. Цвета могут быть белыми или светлыми, чтобы была энергетическая текучесть. Необходимые материалы, а также тексты. Когда мы приступаем к работе, то есть к фазе исполнения, мы должны очистить пространство, подготовить алтарь, быть расслабленными не только духовно, но и физически. Открыть магический круг и начать визуализировать цель уже проведенного ритуала. Призывы имеют огромное значение, расшифруйте или повторите в точности ту фразу, которую вы должны произнести в конкретный момент. Призывы и молитвы настроены друг на друга и являются связующим звеном между материальным миром, с которым вы работаете, и духовным миром, к которому вы посылаете вибрации. Не меняйте ни слова, следуйте всем указаниям.

Наконец, не забывайте, что ваши духовные наставники, архангелы, ангелы или святые являются заступниками перед Богом или Вселенной, чтобы ваши желания исполнились. Произносите слова всегда с верой и уверенностью в том, что желаемое обязательно исполнится.

Нельзя забывать, что свечи зажигают деревянными спичками, что их нужно помазать или освятить и, наконец, замкнуть магический круг.

Святая вода, Святая вода и Лунная вода

В некоторых ритуалах мы должны использовать святую воду. Ошибочно думать, что ее можно приобрести только в каком-то религиозном месте, вы можете сделать свою собственную святую воду или священную воду, как я люблю ее называть.

Она очень проста в приготовлении, а ее основной элемент - вода - есть в наших домах. Святая вода очень динамична и рассеивает негативные энергии.

Материалы для изготовления святой воды:

- Обычно используется чашка воды.
- Столовая ложка морской или гималайской соли

Поместите воду слева от себя, а соль - справа, лицом к себе. (Материал емкости не имеет значения, можно использовать хрустальные или пластиковые стаканчики).

Положите правую руку на воду, а левую - на соль, они будут перекрещены. Повторяйте вслух или мысленно: "Силой, которой я обладаю, я освобождаю эти элементы от всего негативного, пусть свет Вселенной очистит их, и когда они соединятся, они будут синхронизированы только со всем, что есть добро и любовь".

Затем смешайте их в кастрюле, встряхните ее и накройте крышкой. Если вы практикуете Рейки, то можете давать энергию с помощью символов II и III уровня, но в качестве защиты можете нарисовать указательным пальцем пентакль.

Священная вода

В стеклянную емкость с широким горлышком поместите белый кварц, залейте водой для текущего использования и оставьте на 24 часа. На следующий день выньте кварц и перелейте воду в бутылку, которую можно использовать для проведения ритуалов.

Возьмите бутылку обеими руками и попросите своих духовных наставников благословить эту воду положительными энергиями и светом.

Вода полнолуния

Вода полнолуния — это как святая вода для ведьм. Ее можно использовать в ритуалах, заклинаниях для усиления магических действий и для благословения. Лунная вода — это вода, находящаяся под воздействием света полной Луны. Таким образом, она приобретает свойства лунной энергии и облегчает нам использование ее для усиления наших ритуалов или очищения окружающей среды. Я использую ее как Святую воду: каждое полнолуние я готовлю воду в большой стеклянной емкости, оставляю ее на всю ночь открытой и освещенной светом полной Луны, с белым кварцем внутри, и собираю ее перед восходом Солнца. Эфирные масла можно смешивать с лунной водой, и это усилит их действие.

Магия времени

Какой день и какое время суток управляются планетой, управляющей целью ритуала?

Каждый день имеет свои конкретные энергии и свою магию. Секрет в том, чтобы уметь направить эти связи в практическое русло своих заклинаний и магических работ. Одной из мудростей, наиболее почитаемых магами и эзотериками, является польза планетарных часов, под которыми понимаются временные промежутки, находящиеся под энергетическим влиянием той или иной планеты.

Магические планетарные соответствия просты в использовании. Вы должны практиковаться в их использовании, потому что это усиливает вашу магию и силу ваших заклинаний. Когда вы начнете изучать эти соответствия, вы поймете, что раньше ваши заклинания или ванны на удачу не работали.

В каждых сутках 24 планетарных часа, но в отличие от традиционно известных нам часов, они не ограничены 60-минутными периодами, а могут быть.

Существует 12 дневных и 12 ночных планетарных часов. Дневные планетарные часы идут от восхода до захода Солнца, а ночные - от заката до рассвета следующего дня.

Дневные планетарные часы используются для активизации определенного магического намерения, а ночные планетарные часы, поскольку они пронизаны иным типом энергии, служат для усиления, в этот момент обостряются чувства.

Помимо использования их для магической работы, мы можем применять планетарные часы для того, чтобы максимально эффективно использовать свой день. Если речь идет об особом дне, подписании важного контракта, поездке, вечеринке, романтическом свидании, покупке дома и т.д., мы всегда будем искать благоприятное время в соответствии с характером планеты, которое нам больше всего подходит.

Согласно нашему календарю, день начинается в 00:00 часов ночи и заканчивается в 00:00 часов следующего дня. В астрологической и эзотерической традиции регентство часов дня и ночи распределено между семью планетами, от самой дальней до самой близкой. В древности астрологи рассматривали планеты, различимые невооруженным глазом, и фиксировали скорость обращения каждой из них вокруг Земли - от самой быстрой до самой медленной: **Сатурн, Юпитер, Марс, Солнце, Венера, Меркурий и Луна.** И именно этот порядок необходимо изучить, чтобы определить, какая планета управляет каждым часом. (Луна и Солнце - светила, но астрологи в древности это игнорировали).

В астрологической традиции каждый час суток управляется определенной планетой, и цикл этих часов и дал название дням недели. Именно древние халдеи ввели семидневный календарь, эквивалентный именам богов и планет, и назвали их так же.

Они заметили, что продолжительность суток меняется в зависимости от времени года, что дважды в год, в дни весеннего и осеннего равноденствия, дни равны по продолжительности ночам. По этой причине они разделили каждый 24-часовой день на две 12-часовые части.

Дневные часы - от восхода до заката солнца.
Ночные часы - от заката до восхода солнца.
Выбор планетарного времени заключается в выборе наиболее благоприятной планетарной энергии для того ритуала или заклинания, которое мы собираемся совершить.

Час Солнца: Это эффектный час для всех и для любой деятельности, благоприятный для встреч с влиятельными людьми (начальниками, директорами банков, руководителями высшего звена и т.д.), для начала переговоров. Для организации своих целей, призвания, карьеры, получения почестей. Чтобы просить о повышении зарплаты, делать презентации, выступать на публике. Для заклинаний, связанных с работой или деньгами. Ритуалы, связанные с получением повышений и продвижением по службе, отношениями с начальством и достижением успеха.

Час Венеры: для проявления нашей творческой энергии (живопись, музыка, любая художественная работа). Для нашего здоровья, жизненной силы и самооценки. Для покупки золота и ювелирных изделий. Благоприятное время для решения женских вопросов, оптимизации внешности, посещения парикмахера или эстетических процедур. Подходит для покупок, украшения дома, свиданий с друзьями или любовных встреч, вечеринок, поездок, просьб об одолжениях, создания компании, осуществления инвестиций. Это идеальное время для того, чтобы просить о замужестве и вступать в брак. А также для того, чтобы помириться после конфликта или словесной ссоры. Для заклинаний и ритуалов, связанных с любовью, контрактами и союзами.

Час Меркурия: В этот час люди становятся более выразительными, даже самые замкнутые, так как Меркурий - планета общения, и, если он не ретроградный, благоприятно звонить по телефону, отправлять важные корреспонденции, писать, вообще заниматься интеллектуальными темами, учиться, совершать короткие поездки, подписывать контракты, чинить компьютер, заключать деловые сделки. Заклинания бумаг, договоров. Ритуалы, связанные со здоровьем, коммерческие и банковские операции; базовое или среднее образование, подписание договоров и сообщений, короткие поездки, альтернативная медицина.

Время Марса: Импульсивная природа Марса побуждает нас быть более смелыми и менее осмотрительными, поэтому это не лучшее время для начала спора, так как он может закончиться ссорой; не стоит отправляться в поездку с целью заключения какой-либо сделки, так как в этот час возможны несчастные случаи, а также для любой деятельности, в которой необходимо быть более энергичным, например, для выполнения упражнений или в ситуации, где требуется смелость. Нежелательно начинать партнерские отношения, а также вступать в брак. Помните, что Марс всегда склонен к конфликтам. Можно проводить заклинания против врагов, ритуалы, связанные с храбростью, действиями, завоеваниями. Это благоприятный период для хирургических вмешательств, так как он благоприятствует исцелению.

Лунное время: Эмоциональный, женственный и воспитывающий характер Луны проявляется в людях и функциях лунного часа. Он благоприятен для домашних дел, для общения с матерями и женщинами вообще, для семейных дел; для общения с публикой, приготовления пищи, еды, стирки и даже полива растений; для украшения дома и создания в нем уюта. Семейные привороты или любовные. Ритуалы, связанные с женским началом, домом и плодородием.

Время Сатурна: в это время люди кажутся более замкнутыми, так как энергия Сатурна всегда темная, его ограничивающая природа приносит проблемы и задержки; не рекомендуется подписывать контракты, вступать в социальные контакты или начинать что-либо, однако хорошо начинать строительство дома, так как Сатурн управляет конструкциями, основанием и продолжительностью, покупать и продавать недвижимость и земельные вопросы. А также для сноса. Отличное время для того, чтобы обратиться за советом к пожилому человеку. Другим благоприятным аспектом может быть организация, дисциплина, выполнение утомительной работы. Отлично подходит для заклинаний против врагов или для отсрочки чего-либо. Ритуалы, связанные с мудростью и профессиональными занятиями.

Час Юпитера: Благоприятный характер Юпитера будет отражаться на людях и задачах этого часа. Благоприятно покупать туристические билеты, для любых контактов за границей. Для получения привилегий в предпринимательской деятельности или начала крупного дела, начала бизнеса, открытия своего дела, принятия обязательств. Просить милости у авторитетных людей, добиваться почестей, покупать недвижимость. Благоприятен для денежных заклинаний, лечения и юридических вопросов. Ритуалы, связанные с процветанием и получением работы. Для защиты себя, восстановления здоровья и начала профессиональной деятельности.

На расчет планетарных часов влияет количество световых и теневых часов, которыми вы располагаете. Временные интервалы будут меняться в зависимости от географической точки, в которой Вы находитесь, и сезона года (весна, лето, осень, зима).

Чтобы работать с силой планетарных часов и усилить магические ритуалы, необходимо знать время восхода и захода солнца в вашей стране, а затем разделить количество минут естественного освещения на 12 (количество дневных планетарных часов).

Это математическое упражнение позволит определить количество минут, которое будет иметь каждый дневной планетарный час. Затем просмотрите *справочные **таблицы** и выберите время, которое будет наиболее благоприятно для достижения желаемого результата. Если вместе со временем вы выберете день, находящийся под влиянием той же планеты, вы придадите больше энергии своему ритуалу или заклинанию.

Планетарные регалии дней.

Воскресенье - Солнце
Понедельник - Луна
Вторник - Марс
Среда - Меркурий
Четверг - Юпитер
Пятница - Венера
Суббота - Сатурн

Порядок следования часов по дням недели можно проверить по справочным таблицам дневных и ночных планетарных часов, если известна продолжительность каждого часа.

Согласно древним оккультным традициям, по этим часам и суткам можно определить, какой период наиболее благоприятен для проведения того или иного ритуала, поскольку ритуал на деньги, проведенный в день и час Юпитера, будет более эффективным, а любовный приворот, проведенный в день и в час Венеры, будет иметь большую эффективность.

Пример расчета планетарных часов:

Представим, что мы хотим узнать планетарные часы 7 декабря 2020 года в Лас-Вегасе. В понедельник.

Время восхода солнца - 05 часов 11 минут утра.
Время захода солнца - 18 ч 38 мин. (18:38 pm)
Продолжительность дня составит: *18ч38 - 05ч11 = 13ч 27м*

Планетарные часы длятся не 60 минут, а зависят от продолжительности дня и ночи, как в нашем примере:

Сложный дневной планетарный час:
13 x 60 + 27 = 807 /12 = 1ч 7м
Ночные часы рассчитываются аналогичным образом.

Рассчитывается продолжительность ночи:
24ч00 - 13ч27 = 10ч 33м
Длится планетарный ночной час:
10 ч x 60 + 33/12 = 52 м 45 с

Первый час суток принадлежит планете, которая управляет этим днем, последующие часы будут соответствовать планетарному порядку, приведенному выше.

В нашем примере:

Первый час дня управляется Луной, так как это понедельник, он начинается в 05ч11м и заканчивается в 06ч18м, через 01ч07м. Второй час, управляемый Сатурном, начинается в 06ч18м и заканчивается в 07ч25м. И так далее.

НЕ УСЛОЖНЯЙТЕ СЕБЕ ЖИЗНЬ МАТЕМАТИКОЙ!

Потому что на сайте **planetaryhours.net** вы можете рассчитать его без особых мучений. Главное, чтобы вы знали символы планет. Учитывая, что это только традиционные, а не современные. То есть мы исключаем Уран, Нептун и Плутон.

Символы планет.

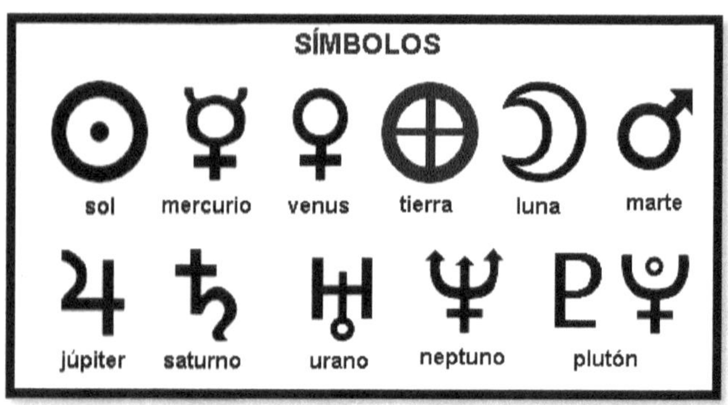

*Справочные *таблицы*

HORAS PLANETARIAS						
SALIDA DEL SOL						
Hora	Domingo	Lunes	Martes	Miércoles	Jueves	Viernes	Sábado
---	---	---	---	---	---	---	---
1	Sol	Luna	Marte	Mercurio	Júpiter	Venus	Saturno
2	Venus	Saturno	Sol	Luna	Marte	Mercurio	Júpiter
3	Mercurio	Júpiter	Venus	Saturno	Sol	Luna	Marte
4	Luna	Marte	Mercurio	Júpiter	Venus	Saturno	Sol
5	Saturno	Sol	Luna	Marte	Mercurio	Júpiter	Venus
6	Júpiter	Venus	Saturno	Sol	Luna	Marte	Mercurio
7	Marte	Mercurio	JÚpiter	Venus	Saturno	Sol	Luna
8	Sol	Luna	Marte	Mercurio	Júpiter	Venus	Saturno
9	Venus	Saturno	Sol	Luna	Marte	Mercurio	Júpiter
10	Mercurio	Júpiter	Venus	Saturno	Sol	Luna	Marte
11	Luna	Marte	Mercurio	Júpiter	Venus	Saturno	Sol
12	Saturno	Sol	Luna	Marte	Mercurio	Júpiter	Venus

HORAS PLANETARIAS

PUESTA DEL SOL

Hora	Domingo	Lunes	Martes	Miércoles	Jueves	Viernes	Sábado
1	Júpiter	Venus	Saturno	Sol	Luna	Marte	Mercurio
2	Marte	Mercurio	Júpiter	Venus	Saturno	Sol	Luna
3	Sol	Luna	Marte	Mercurio	Júpiter	Venus	Saturno
4	Venus	Saturno	Sol	Luna	Marte	Mercurio	Júpiter
5	Mercurio	Júpiter	Venus	Saturno	Sol	Luna	Marte
6	Luna	Marte	Mercurio	Júpiter	Venus	Saturno	Sol
7	Saturno	Sol	Luna	Marte	Mercurio	Júpiter	Venus
8	Júpiter	Venus	Saturno	Sol	Luna	Marte	Mercurio
9	Marte	Mercurio	Júpiter	Venus	Saturno	Sol	Luna
10	Sol	Luna	Marte	Mercurio	Júpiter	Venus	Saturno
11	Venus	Saturno	Sol	Luna	Marte	Mercurio	Júpiter
12	Mercurio	Júpiter	Venus	Saturno	Sol	Luna	Marte

Еще один важный аспект, который следует учитывать, — это когда мы должны проводить заклинание или ритуал в период ретроградного Меркурия. Это происходит три-четыре раза в год. В течение этого цикла избегайте принятия важных решений, если вы их принимаете, то в будущем они могут потребовать изменений, избегайте начинать любые дела, связанные с коммуникациями. Избегайте подписания контрактов любого рода или заключения новых торговых соглашений. Если они будут заключены, то велика вероятность того, что не все обговоренные вопросы будут выполнены. Избегайте в этот период хирургических операций, если только они не носят экстренный характер.

Если на этом этапе необходимо провести ритуал или заклинание, то сначала следует выполнить следующую ванну. Она также послужит очищению вашей ауры, что особенно важно, так как будет способствовать тому, что все хорошее, что жизнь хочет вам дать, придет без проблем и в большом количестве.

Приняв ванну с этими растениями, вы нейтрализуете влияние ретроградного Меркурия и очистите свою ауру.

Ванна на период ретроградного Меркурия.

Вам понадобятся три таких растения: Рута, шалфей, розмарин, лаванда, мята или лавр.

Выберите три таких растения, их можно приобрести в ботанических или эзотерических магазинах. Возьмите большую кастрюлю, налейте воды и положите растения до полного закипания. После закипания дайте препарату остыть. Процедите. Примите ванну так же, как вы делаете это ежедневно. После принятия ванны воду из растений разведите с головой и пустите по всему телу. Перед высыханием подождите несколько секунд, чтобы вода проникла внутрь и оказала свое очищающее действие. Высушите себя, по возможности, на воздухе, без полотенца, и вы почувствуете изменения в своей ауре, с этого момента вы будете готовы практиковать свои заклинания без риска или саботажа со стороны ретроградного Меркурия.

Лучшее время для проведения ритуалов, связанных с деньгами, - воскресенье в часы планеты Юпитер, четверг в часы Солнца или планеты Венера и пятница в часы планеты Юпитер. Луна должна находиться в фазе полумесяца и в одном из этих знаков: Тельце, Льве, Весах, Стрельце или Водолее.

Свечи.

С древних времен свечи использовались не только для украшения, но и в ритуалах магии и колдовства. Это объясняется той преобразующей силой, которой всегда наделялся огонь. Свечи являются символами энергии, защиты и силы. Форма свечей и их цвет выполняют различные функции. Необходимо помнить, что ни в коем случае нельзя задувать свечи, так как это приведет к отмене заклинания или ритуала.

Освящение свечей.

В магических ритуалах важно освящать свечи маслами для привлечения дополнительных энергий, это помазание является основополагающей частью процесса. Во время освящения следует сосредоточиться на цели ритуала, и желательно делать это в соответствующий день с астрологической точки зрения.

Процедуры, следующие:

Пальцами правой руки нанесите несколько капель масла на свечу от центра к фитилю, стараясь сделать ее влажной. Затем повторите те же действия, но уже от середины к основанию свечи.

Другая форма освящения заключается в распространении масла по свече снизу вверх. Этот вид помазания относится исключительно к ритуалам разбивания чего-либо. Третья и последняя модель освящения — это помазание свечи, которую мы собираемся использовать в нашем ритуале, сверху вниз. Этот вид освящения характерен исключительно для свечей, предназначенных для ритуалов притяжения.

Формы интерпретации свечей.

Интерпретация свечей всегда даст вам возможность узнать, как работает ваш ритуал.

Результаты могут быть следующими:

- Формирование скопления разрывов по бокам - этот результат особенно хорош.

- Образование остроконечных форм по бокам, здесь присутствуют энергии, противоположные вашим интересам.

- Формирование фигур, например виноградных гроздьев, предсказывает здоровье и процветание.

- Падающие фрагменты целого паруса в форме луны, причем кончики луны наклонены влево, свидетельствуют о том, что вы сможете без проблем достичь своей цели. Если кончики фигуры наклоняются вправо, то это предсказывает наличие чего-то, что мешает проведению ритуала.

- Если остатки свечей образуют квадраты, то трудности будут решены, вы получите безоговорочную поддержку, и ваше заклинание сработает.

Цвета пламени свечи.

Пламя свечи не всегда одинаково:

- Голубоватое пламя означает, что человек, участвующий в ритуале, получает наше послание.

- Желтое пламя - недостаток энергии, необходимо заменить свечу.
- Красное пламя, быстрый результат.

- Белое пламя, ваши духовные наставники или ангел-хранитель помогут вам в этом ритуале.

- Пламя, которое вспыхивает, - ритуал неправильный, или что-то пойдет не так.

Цвета свечей для различных ритуалов.

Цвет свечи, которую мы будем использовать в нашем ритуале, имеет большое значение. Все цвета обладают вибрацией, поэтому они влияют на определенную сферу нашей жизни. Очень важно знать, что вы хотите изменить в своей жизни или какой ритуал собираетесь провести, чтобы выбрать свечу, соответствующую этому.

Желтый цвет: По своей природе это цвет интеллекта. Желтая свеча будет использоваться для придания ясности мыслям, стимулирования силы ума. Она используется для передачи радости кому-то или чему-то, это цвет Солнца, жизненной силы и желания жить. Эта свеча используется в ситуациях депрессии или грусти. Она используется для подслащивания настроения. Для ритуалов, связанных с работой, здоровьем, учебой и любовью.

Оранжевый: содержит энергию красного и желтого цветов. Он идеально подходит для привлечения гармонии, денег и радости. Он помогает нам принимать решения. Оранжевый цвет обладает очень динамичной энергией притяжения, поэтому он будет особенно полезен для усиления любого ритуала, который мы проводим.

Синий: Эффектен для снятия напряженности, конфликтов и любых сложных ситуаций между людьми. Для связи с духовным миром и для ритуалов, связанных с любовью, здоровьем и работой.

Белые: Благоприятны для привлечения положительных энергий. Они заменяют другие свечи, особенно белую, поскольку содержат в себе все цвета. Большинство ритуалов можно проводить исключительно с белыми свечами.

Красный цвет: наиболее часто используется в любовных заклинаниях, поскольку представляет собой цвет сердца, но также используется в заклинаниях, связанных со здоровьем и физической силой. Они служат каналом для активизации любой застоявшейся энергии.

Розовый: его вибрации выше, чем у красного, поскольку он смешан с белым. Они олицетворяют самую чистую любовь и романтизм. Это цвет сострадания и сопереживания.

Зеленый: Цвет плодородия. Он привлекает равновесие в сознание, тело и дух. Это цвет, ассоциирующийся со здоровьем; его можно использовать для разрешения болезненных ситуаций. Особенно полезен в ритуалах и церемониях, связанных с финансами, здоровьем и процветанием.

Фиолетовый и пурпурный: получается в результате смешения красного и синего цветов. Для ритуалов, связанных с финансами и успехом.

Серебристый и серый: это нейтральные цвета, они находятся между черным и белым. Они используются для нейтрализации зла. Серебряные свечи связаны с энергией ночи и Луны, поэтому их используют в ритуалах и ночных церемониях, так как они связаны с этой энергией.

Коричневый: Этот цвет связан с почвой, особенно если она еще не засеяна. Мы должны быть осторожны при его использовании, так как он может притягивать неопределенность, поэтому при его использовании необходимо четко определить, чего вы хотите, чтобы не получить эффект, противоречащий запросу. Используется в деловых ритуалах.

Черный: используется в обрядах некромантии и для вызова негативных сущностей. Они помогают растворять барьеры и препятствия. Благоприятствуют случайным любовным связям. Обладают меланхолическим влиянием, поэтому с ними нужно быть невероятно осторожным. Помогают освободиться от кармических долгов и избавиться от колдовства и черной магии.

Лунная магия

Лунная магия работает в соответствии с лунными фазами, знаками, через которые проходит Луна, временами года и планетарными часами. Это особенно важно при занятиях магией и является одним из важнейших секретов для достижения успеха в колдовстве. Лунная энергия - одна из самых мощных энергетических составляющих магии, она очень глубока и использует свойства Луны для получения своей мощной энергии.

Чтобы выбрать подходящее время для проведения ритуала, необходимо учитывать фазы Луны.

Новолуние или Черная Луна.

В древности в течение трех дней, когда Луна была невидима, на перекрестках дорог богине Гекате подносили белые цветы, чтобы она даровала защиту. В эту фазу можно положить букет белых роз на пути к дому.

Не рекомендуется проводить ритуалы за 24 часа до и 24 часа после наступления новолуния. Заклинания новолуния должны выполняться в видимую фазу новолуния. Если вы будете делать их в эти три дня, то добьетесь противоположного тому, чего действительно хотите.

В Черную Луну мы работаем с подземным миром, связываемся с предками, с духами рода, поскольку в эту Луну двери подземного мира открыты, поэтому в эту фазу принято делать заклинания черной магии. Это прекрасная Луна для освящения магических инструментов. В период Черной Луны мы будем работать с проклятиями и вопросами справедливости. Она используется для защитной магии и защиты.

Видимое новолуние.

Если на Вас наложены заклятия или проклятия, то в эту фазу Новолуния Вы можете провести ритуалы, чтобы отсечь и покончить со всем негативным. Эта фаза также помогает отказаться от вредных привычек и обычаев, которые нам вредят, и начать что-то новое, например, отказаться от курения или алкоголя. Чтобы наилучшим образом использовать эту энергию, магию следует проводить в период от восхода до заката солнца. Работа в ночное время допустима, но для достижения максимального эффекта используйте правильное время. Вы можете посмотреть планетарные часы, чтобы улучшить свои ритуалы.

Полумесяц.

Это плодородная Луна, энергия бизнеса, здоровья, денег, успеха, урожаев. В этой фазе мы работаем над увеличением чего-либо или привлечением этого. В этом цикле мы обращаемся с просьбами о приходе любви, увеличении денег на счетах или престижа работы. Если мы хотим защитить кого-то от какого-то зла, то это подходящий момент для того, чтобы попросить божественной справедливости и усиления защиты для наших близких. Что касается здоровья, то сейчас самое время укрепить защитные силы организма.

Полумесяц Гиббонс Луна.

Полумесяц - ключевое время для начала бизнеса, обращения за здоровьем, проведения ритуалов по привлечению денег и изобилия или того, что необходимо для достижения успеха. Это также подходящее время для работы над плодородием.

Полнолуние.

В этой фазе Луна отдает всю свою энергию, и вы можете выполнять работы по защите, гаданию, правосудию, спиритизму и многое другое. Весь этот потенциал влияет и на магию, позволяя магу гораздо более грамотно управлять большими объемами энергии и направлять их в нужное русло. Большинство любовных ритуалов проводится потому, что именно сейчас Луна излучает наибольшую энергию. Ритуалы, проводимые в полнолуние, имеют большое значение для удачи, любви и процветания нашего дома. Любая работа, требующая значительного притока энергии, должна выполняться в это время. Ваши шансы на успех очень велики. Это благоприятный период для изготовления лунной воды.

Убывающая гиббоусная луна.

Это благоприятный период для завершения любой ситуации, которая больше не нужна в вашей жизни. Настало время отдыха, завершения проектов, закрытия нерешенных вопросов. Пришло время реорганизации. То, что отрезано, будет дольше расти. Все неудобства, такие как переезд, просьба или получение кредита и т. д., лучше делать в этой фазе, хотя результат будет медленнее, чем в фазе роста, но зато безопаснее.

Луна в четверти убывает.

В убывающую четверть самое время проводить магические действия, направленные на уменьшение или устранение негатива, отпугивание врагов, болезней, дурных влияний или тревожных духов. Эта фаза особенно подходит для изготовления талисманов для супружеской и семейной гармонии, для прекращения экономических проблем или потери работы. Все, что мы хотим уменьшить, угасить или прекратить.

Убывающая Луна.

Именно оно происходит перед невидимым Новолунием (Черной Луной). Убывающая Луна появляется на небе в форме буквы С. Когда Луна убывает, она находится на пути к полной темноте и с каждой ночью становится все меньше. Во время четвертой фазы убывающей Луны негатив, окружающий нас, высвобождается. Она подходит для очищения от негативных энергий, сдерживания ссор, успокоения тревоги и продолжения очистительной работы. Идеальная Луна для очищения людей, предприятий и домов. Убывающая Луна - подходящий цикл, если вы хотите оттолкнуть человека. Эта фаза помогает разрушить привязанности и влечения.

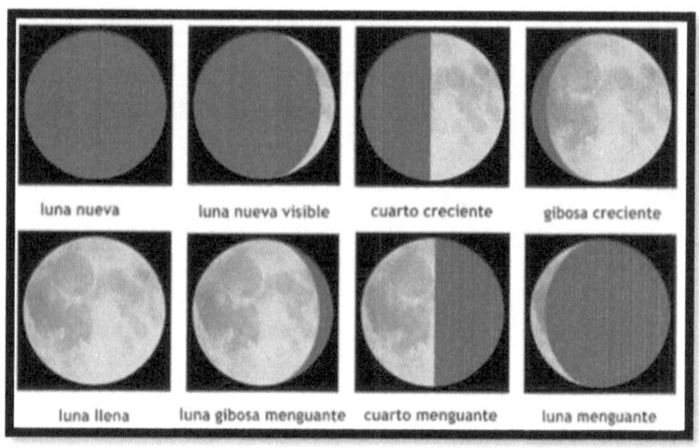

Затмения и магия

Затмение - необычное событие, поэтому его трансцендентность особенно важна, существует множество ритуалов, заклинаний и причасто, которые можно проводить до и во время затмения, чтобы расширить эту сильную энергию в благоприятном для нас направлении. Во время Затмения люди могут чувствовать себя беспокойно, испытывать небольшой страх - в этом сила и суть Затмения, эмоции, похожие на ощущение присутствия внутри магического или защитного круга. В зависимости от типа Затмения будет меняться и его влияние на людей. Солнечное затмение относится ко всему материальному и физическому, лунное - ко всему, что связано с эмоциями и духовностью.

Даже если вы не можете наблюдать затмение из своей страны, вы можете проводить магические и ритуальные обряды во время него.

При лунном затмении, которое может произойти только в ночь полнолуния, мы ощущаем все фазы Луны за несколько минут и секунд. Полная Луна частично или полностью скрывается, а затем сразу же снова становится видимой. За несколько минут, если это полное Лунное затмение, мы ощущаем энергию, эквивалентную полному циклу.

Вода затмения.

Для того чтобы у вас появилась эта необыкновенная возможность, которую дает затмение - сила, мудрость и положительная энергия, - нужно наполнить прозрачную емкость водой и плотно закрыть ее. Как только начнется затмение, откройте крышку, чтобы вода пропиталась этой энергией, а вы в это время думайте о своем намерении: больше денег, больше работы, больше творчества в жизни или удачи в любви. По окончании затмения закройте крышку. Затем с этой водой примите ванну, но в нее добавьте руту и мяту. Кипятить нельзя, просто раздавите растения руками как можно сильнее и смешайте с этой водой. Он исполнит все ваши просьбы, которые вы высказали во время принятия ванны.

Различные виды магии

Магия только одна. Не существует различных видов магии, хотя ученые и разделяют их на категории. Просто для лучшего изучения магии схожие верования и практики объединили в группы, дав им общее название, связанное с цветом. Так, мы можем говорить о белой магии, черной магии, красной магии, зеленой магии и т. д. Но все они, в глубине души, одинаковы.

Белая магия.

Белая магия включает в себя все ритуалы, основной целью которых является управление универсальной символикой. С помощью этой магии можно установить связь со сверхъестественными сущностями или с силами, которые имеют власть над естественными законами. Этот вид магии включает в себя различные виды заклинаний, а вызываемые в ходе ритуала сущности обязаны выполнять просьбы вызывающего их человека. Белая магия используется для различных целей. Это одна из самых эффективных магий, которые существуют. Иногда их ритуалы могут оказаться недействительными против черной магии.

Черная магия.

Это магия, заключающая договоры с темными сущностями. Такие ритуалы темны и не приносят ничего хорошего тому, кто их проводит. Хороший колдун никогда не должен проводить ритуалы такого типа, если только нет альтернативы.

Синяя магия.

Синяя магия не слишком популярна, но она обладает огромной силой, а иногда и опасностью. С ее помощью маг пытается манипулировать законами природы по своему усмотрению. В основе синей магии лежит контакт с потусторонними сущностями, в том числе с мертвыми и духами. Благодаря контакту с этими сущностями легче достичь поставленных целей. Человек, практикующий синюю магию, может точно читать наши мысли или управлять другим человеком.

Несмотря на то, что синий цвет в силу своей огромной энергии и глубины ассоциируется с высшими состояниями сознания, есть случаи, когда его необходимо рассматривать с другой точки зрения. Синяя магия также связана с целительными воздействиями, связанными с болезнями, физическими и духовными недугами.

Красная магия.

Красная магия — это вид магии, в которой основным ингредиентом является кровь того, кто ее практикует. Также в этих заклинаниях могут использоваться ткани живых существ, слюна, ногти, волосы или сперма. Она широко применяется в любовных ритуалах, но используется и для разрушения и манипулирования жизнью тех, кто не приемлет эту манипуляцию. Кровь обладает огромной силой.

Его тонкая конфигурация способствует тому, что он является связующим звеном между телесным и астральным миром. При использовании красной магии следует быть невероятно осторожным, так как ее сила поразительно велика. Нанесенный ущерб может быть необратимым.

Зеленая магия.

Зеленая магия — это вид магии, использующий элементы природы, такие как растения, плоды, цветы, травы и корни. Во многих цивилизациях практика зеленой магии использовалась колдунами для избавления от различных болезней, не будем забывать, что природа - лучшая аптека. Зеленая магия тесно связана с белой и черной магией, хотя она ближе к белой магии, так как природа в первую очередь защищает жизнь и уравновешивает отношения. Существует немало черных магов, которые умеют использовать растения в недобрых целях.

Заклинание от проблем с кожей

Этот ритуал поможет решить любую проблему с кожей, а также поможет получить положительный результат при прохождении курса лечения. (Помните, что заклинание или ритуал никогда не должны заменять медицинских специалистов)

Чтобы помочь человеку с подобными проблемами, необходим предмет одежды, который соприкасался с пораженным участком и не подвергался стирке.

Необходимые элементы.
- 7 сандаловых благовоний.
- 1 белый мел.
- 1 Белая свеча.
- 2 зеленые свечи
- 1 Образ святого Рафаила Архангела.
- 1 стакан со святой водой.
- 1 керамический сосуд.
- Поджаренные семена подсолнечника.
- Лавандовое масло.
- 7 Семь жасминовых благовоний.
- 1 деревянная или картонная коробка с крышкой.
- 1 предмет одежды человека

Перед началом ритуала зажгите благовония сандалового дерева и пройдитесь по месту, где будет проходить ритуал, начиная от входной двери, по направлению к интерьеру и заканчивая снова у входной двери. Когда аромат пропитает все помещение, распределите их по комнате и оставьте включенными до тех пор, пока они не уйдут сами. Выберите место, куда не имеют доступа другие люди, находящиеся в доме.

На полу или на деревянном столе нарисуйте белым мелом круг как можно большей ширины. В центр круга поместите карту Сан-Рафаэля вместе со святой водой и зажженной белой свечой. В керамический сосуд положите кусочек одежды, а сверху - семена подсолнечника. Сбрызните лавандовым маслом и святой водой и поставьте в центр круга.

Затем зажгите вокруг сосуда семь жасминовых благовоний, против часовой стрелки. Поставьте зеленую свечу справа и слева от сосуда, эти свечи останутся до тех пор, пока не будут израсходованы.

Когда это произойдет, нужно разрезать одежду на семь частей и вместе с остатками свечей и семян подсолнечника поместить их в деревянную или картонную коробку с крышкой. После того как все будет уложено в коробку, все отходы нужно сбрызнуть оставшейся священной водой и оставить накрытыми в том месте, где проводился ритуал, до следующей ночи. На следующий день отнесите коробку в место во внутреннем дворике, где есть зелень (если у вас нет дворика, это может быть горшок с цветами), и закопайте ее.

Ацтекское заклинание здоровья

Необходимые элементы.

- 1 белая свеча.
- 1 карта Ангела вашей преданности.
- 3 сандаловых благовония.
- Растительные угли.
- Сушеные травы эвкалипта и базилика.
- Горсть риса, горсть пшеницы.
- 1 белая тарелка или поднос.

- 8 Лепестки роз розового цвета.
- 1 флакон духов, личный.
- 1 деревянный ящик.

Для очистки помещения следует зажечь растительные угли в металлическом контейнере. Когда угли хорошо разгорятся, постепенно положить сушеные травы и пройтись по комнате с контейнером, чтобы негативные энергии были устранены. После воскурения необходимо открыть окна, чтобы дым рассеялся. Подготовьте алтарь на столе, покрытом белой скатертью. Положите на него выбранную карту, а вокруг нее разместите три благовония в форме треугольника. Белую свечу нужно освятить, затем зажечь и поставить перед ангелом вместе с незажженными благовониями.

Вы должны быть расслаблены, для этого необходимо сосредоточиться на дыхании. Визуализируйте своего ангела и поблагодарите его за все хорошее здоровье, которое у вас есть и которое у вас всегда будет; эта благодарность должна исходить из глубины вашего сердца.

После произнесения благодарственных слов передайте ему в качестве подношения горсть риса и горсть пшеницы, которые нужно поместить в поднос или белую тарелку. Рассыпьте все лепестки роз над алтарем, еще раз поблагодарив за оказанные милости.

После благодарения свечу оставляют гореть до тех пор, пока она не будет полностью израсходована. В последнюю очередь соберите все остатки свечи, благовоний, риса и пшеницы, поместите их в полиэтиленовый пакет и выбросьте его в месте, где есть деревья без пакета. Карту ангела вместе с лепестками роз положите в коробку и поставьте ее в надежное место в вашем доме.

Энергичные духи вы будете использовать, когда почувствуете, что энергии идут на спад, при этом вы визуализируете своего ангела и просите его о защите. Этот ритуал наиболее эффективен, если проводить его в четверг или понедельник в период Юпитера или Луны.

Заклинание для защиты беременности и ребенка

Необходимые элементы.

-   1 горшок Священной воды или Воды затмения
-   1 очищенный кукурузный початок
-   1 лист желтой бумаги
-   1 белая тарелка
-   Мед
-   2 большие желтые свечи
-   1 лист бумаги для картриджей или коричневой бумаги
-   1 Карандаш, пишущий желтым цветом.
-   1 Белая скатерть
-   1 Фотография женщины, проводящей ритуал.
-   Спектакль №2 Луны

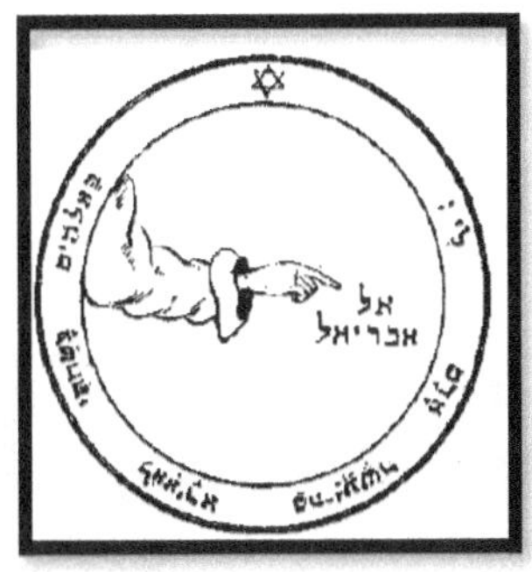

Этот ритуал будет более эффективным, если проводить его в понедельник, в период луны или в день полнолуния. Положите кукурузу вариться в кастрюлю, пока она не станет мягкой, выньте ее и дайте остыть.

Выстелите тарелку желтой бумагой. Накройте стол или место, где вы собираетесь проводить ритуал, белой скатертью. Поместите фотографию в центр стола над Спектаклем Луны № 2 и поставьте две желтые свечи по бокам.

На выстланную тарелку кладут кукурузу, под нее - лист бумаги с именем беременной женщины и датой ее рождения, который нужно сложить в треугольник.

Поверх кукурузы нужно налить мед. Затем, после того как свечи будут израсходованы, собрать все их остатки и бросить в реку или любой поток воды.

Остатки кукурузы вместе с бумагой следует закопать в месте, где много зелени.

Тибетские чаши

В монастырях Тибета использование чаши было обычной практикой для достижения медитативных состояний, баланса полушарий головного мозга и самой полярности. Таким образом, тибетские монахи сохраняли полный баланс между физическим и тонким телами. Звук чаши помогал им поддерживать здоровье на физическом уровне. Для этого они практиковали гортанный звук, который достигал клеточного уровня, заставляя все клетки принимать уникальный и индивидуальный звук, издаваемый внутренним инструментом - голосовыми связками, и который каждая клетка распознает как вибрацию благополучия, что позволяет им чувствовать себя в повседневной жизни в совершенном равновесии и гармонии.

Тибетские чаши используются в буддийской практике для помощи в медитации и молитве. Направление вращения, если это время, делается так, чтобы энергия расширялась, например, если вы заметили, что какая-то чакра переполнена энергией, мы поставим чашу на высоту этой чакры и будем вращать ее по часовой стрелке, чтобы переполняющая энергия стабилизировалась. Весь этот процесс происходит с невероятной скоростью, и за несколько мгновений с чашей вибрирует все наше тело. Чаши — это уникальные инструменты, это сложные вибрации, которые действуют через резонанс, активизируя и уравновешивая наши неорганизованные вибрации.

Кварцевые чаши

Кварцевые чаши - следствие изучения древних металлических чаш и их признанных терапевтических функций.

Кварцевая чаша при легком прикосновении и растирании ее края создает акустическую волну, которая проникает в наше тело и заставляет нас вибрировать. Вибрация серьезная, равномерная и очень расслабляющая, приводящая нас в приятное медитативное состояние. Также очень любопытно наблюдать за отражением, которое возникает, если наполнить чашу водой и произвести вибрацию.

На поверхности появятся идеальные геометрические фигуры, а при увеличении частоты вода начнет прыгать, создавая эффект кипения, когда капли неуправляемо прыгают.

Существуют чаши разных размеров и толщины. Чем тоньше ее структура, тем интенсивнее и быстрее она будет петь, а ее звучание будет зависеть от личного резонанса.

Металлические чаши

Существуют различные типы металлических чаш. Тибетские, японские, индийские, непальские и т. д. Мы остановимся на нашем опыте работы с тибетскими чашами. Они образуются из сплава семи металлов: Золота, Серебра, Ртути, Железа, Олова, Свинца и Меди.

Золото символизирует Солнце.
► Ла-Плата, ла-Луна.
►Mercury, к планете Меркурий.
►Железо, на Марс.
►Тин, к Юпитеру.
► Ведущий, к Сатурну.
►Медь, к Венере.

В зависимости от толщины стенок и диаметра чаши звук будет иметь ту или иную настройку.

Согласно восточной медицине, любое изменение физического, психического или эмоционального здоровья связано с дисбалансом, с вибрационной декомпенсацией. Когда определенные клетки начинают вибрировать на частоте, отличной от частоты остального организма, эти клетки становятся больными. Тибетские чаши использовались и используются по сей день для изменения клеточной структуры путем изменения ее вибрации, оказывая тем самым лечебное воздействие. Разумеется, они воздействуют и на клетки нервной системы, нейроны.

Учитывая, что вибрации звука воздействуют на весь наш организм на глобальном ментальном, физическом и духовном уровне, мы можем использовать тибетские чаши в различных целях, достигая, в частности, следующих преимуществ:

- Они устраняют стресс, тревогу и нервозность.
- Они улучшают концентрацию и ясность ума, способствуют умственной деятельности, улучшают память.
- Они повышают творческий потенциал.
- Звуки тибетских чаш способствуют глубокому расслаблению и медитации.
- Они уравновешивают чакры и очищают ауру.
- Они способствуют эмоциональной стабильности, улучшая депрессивные состояния.
- Они помогают лучше отдохнуть.
- Они снимают головную боль и мигрень.
- Они устраняют беспокойство.

Значение ароматов ладана или благовоний

Благовония или ладан испокон веков использовались для привлечения добрых энергий, отпугивания негативных сущностей и защиты нашего пространства от плохих вибраций.

Благовония для здоровья

Яблоко: способствует хорошему самочувствию и снимает физическую боль. Оно придает силы, необходимые для того, чтобы выйти из одного состояния или ситуации в другое, гораздо лучшее.

Фиолетовый: против уныния, расслабляет тело и ум, дарит внутреннее спокойствие.

Лимон: противостоит негативным вибрациям, действует как очиститель организма и окружающей среды, сохраняет физическое и психическое здоровье.

Другие области применения ладана

Азия Мадера: особенность браться за новые дела. Кроме того, этот аромат создает состояние абсолютного мистицизма, подобно тому, как сандаловое дерево высоко ценится для медитации.

Ваниль: побуждает к доброте и смирению, способствует развитию духовности.

Пало Санто

Его сладкий и сильный аромат легко узнаваем, а применение становится все более распространенным. Пало Санто означает "священное дерево" и уже много лет используется в духовных и лечебных целях. Те, кто использует это растение, утверждают, что оно обладает целительными и успокаивающими свойствами, которые привлекали представителей разных культур.

Пало Санто, используемое шаманами в религиозных и духовных ритуалах, считалось идеальным средством для привлечения удачи, отпугивания негатива и достижения лучшего духовного общения со своими богами. Пало Санто используется во многих странах для изгнания негативных и привлечения позитивных энергий.

Преимущества Пало Санто

Он очищает и убирает загрязнения, а также ароматизирует окружающую среду.

Снимает нервное напряжение и помогает бороться с болезнями и недомоганиями, вызванными стрессом, укрепляя гармонию и хорошее самочувствие.

Он способствует медитации, поскольку расслабляет сознание и вызывает чувство сдачи и отрешенности. Широко используется в йоге, Рейки и ароматерапии.

В отличие от других растений, из которых также добывают благовония, для Пало Санто достаточно зажечь небольшой кусочек сухого дерева, чтобы выпустить облако дыма, которое содержит стимулирующий аромат, повышает вибрации во время медитации и позволяет установить более глубокую связь с источником всего творения.

Мистическая сила Пало Санто заключается в том, что его свойства проявляются только после смерти дерева. Проходит много лет после высыхания дерева, прежде чем в нем появятся все компоненты, создающие волшебный запах, и его можно будет срубить и использовать.

Шалфей (Сальвия)

Шалфей - растение, известное своими целебными и лекарственными свойствами. С древних времен люди сжигали шалфей для очищения предметов и жилища. Сжигание шалфея полезно для очищения и уборки дома или нового жилища перед переездом.

Дым белого шалфея используется не только для рассеивания неуместных вибраций и злых духов, но и для поглощения конфликтов, гнева или болезней человека. Фактически это одно из тех растений, которые в наибольшей степени изменяют состав воздуха, генерируя отрицательные ионы, действие которых направлено на снижение нашей реакции на стресс.

Как произвести очистку

Убедитесь, что помещение, в котором производится уборка, хорошо проветривается. Откройте два окна или двери.

Очистите и приведите в порядок то место, которое вы хотите очистить. Беспорядок блокирует поток положительной энергии и бессознательно вызывает стресс. Установите свое намерение. Это самая важная часть. Зажгите один конец шалфея. Пусть дым заполнит пространство. Если появится настоящее пламя, встряхните его или подуйте, пока не останется только дым. Вы заметите, что в течение процесса вам придется несколько раз поджигать его снова. Если вы сжигаете шалфей с распущенными листьями, то лучше всего использовать любую жаропрочную поверхность для горения.

Сначала очистите свое тело, направляя дым рукой по телу от ступней к голове, затем снова вниз и спереди назад, что поможет вам сформулировать намерение перед очищением пространства (очистите свою энергию перед очищением чужой). При этом визуализируйте, как дым удаляет из вашей жизни любую негативную энергию, любую тьму или болезнь.

Очистите свое пространство. Очистив тело, начните перемещаться по помещению. Окутайте дымом каждый угол, пройдитесь по краю каждой комнаты, пройдите через двери и углы.

Двигайтесь кругами по всему дому. Всегда начинайте с задней части дома. Вы можете выбрать движение по кругу по часовой стрелке или против нее. Если вы выбрали движение "за", сосредоточьтесь на привлечении света, мира, ясности, спокойствия, процветания или любой другой положительной энергии, которую вы хотите видеть в своем доме; акцент в этом движении делается на приглашении и призыве. Если вы двигаетесь против рук, вы сосредоточитесь на избавлении от плохого, грязи, старых воспоминаний и заблокированной энергии, акцент делается на стирании и удалении.

Нижний Астрал

Практикующие черную магию используют так называемый "астральный бас" для доминирования и причинения вреда. Астральный бас — это нематериальная зона из другой плоскости бытия (другого измерения), в которой перемещаются черные сущности, называемые также "астральными низами", и которые, когда их вызывают, всегда приносят боль, дискомфорт и нежелательные ощущения и чувства. Но бывает и так, что мы сами, даже не осознавая этого, вызываем или привлекаем темных существ астрального низа.

Мы позволяем им приблизиться к нашему материальному плану, вступить в контакт с нашим миром, через наши мысли о ненависти, зависти, мести или дискомфорте, которые мы направляем на того, кто, по нашему мнению, причинил нам боль, или мы чувствуем, что он нам мешает. Черные существа прилипают к стенам домов и к нам, поэтому от них трудно избавиться. Когда мы говорим об "астральных низах" или "черных существах", мы имеем в виду духовные сущности с исключительно низкими энергетическими вибрациями, которые в силу различных причин и несмотря на то, что они уже перевоплотились, "сосуществуют" рядом с нами, не замечая этого, именно потому, что людей, способных их увидеть и воспринять, немного.

Поэтому мы должны защищать себя от этих агрессий, которые несмотря на то, что являются невидимыми и неощутимыми, во многих случаях могут опасно изменить жизнь многих людей.

(Советую приобрести черные турмалины, поглощающие плотную энергию, белый кварц, усиливающий положительную энергию, и аметисты, способствующие трансмутации).

Астральные личинки и энергетические паразиты

Все, что существует в этом мире, чем-то питается. Мы питаемся более твердыми вещами, пищей, которая поступает из земли, животными, а более тонкие сущности питаются нами и нашими мыслями. Это способ, с помощью которого каждый должен выживать. Каждый из нас обладает определенным количеством жизненной энергии. Именно это позволяет нам жить сбалансировано, находясь в хорошем состоянии физического и эмоционального здоровья. Однако часто мы осознаем, что наш баланс нарушен, что мы не можем наслаждаться жизнью так, как должны.

Причин нашего дисбаланса может быть много. Однако одной из наиболее часто встречающихся причин является действие так называемых Астральных лярв.

В местах застойного накопления негативной энергии, таких как больницы, кладбища и т. д., есть риск заразиться одной из этих астральных личинок. Передаются они и при половом акте, поскольку при нем происходит не только обмен жидкостями, но и эмоциональный обмен, и энергетический.

Эти паразиты питаются жизненной энергией людей, переживающих момент физической или психологической слабости, а также тех, кто обычно выполняет магические процессы, требующие большого количества энергии.

Способы питания личинок астралов зависят от некоторых характеристик. Прежде всего, это размер личинки. Чаще всего встречаются молодые или маленькие личинки, но бывает и так, что мы сталкиваемся с настоящими монстрами значительных размеров. Небольшие астральные личинки, как правило, очень часто перепрыгивают с одного тела хозяина на другое, обычно к тому времени, когда они успевают поглотить большую часть жизненной энергии своей жертвы.

Чем крупнее личинки, тем, как и следовало ожидать, большую опасность они представляют. Они могут питаться своей жертвой гораздо более агрессивно, вплоть до полного опустошения. Крупные астральные личинки меняют добычу только в случае смерти человека или жертвы, которая предлагает им больший источник пищи.

Люди, ставшие жертвой этих паразитов, отмечают чувство постоянной усталости, которое не снимается даже при соблюдении режима сна, питания или регулярных физических упражнений. Кроме того, они сталкиваются с постоянным присутствием негативных мыслей. Многие даже говорят, что подозревают, что они им не принадлежат, поскольку эти мысли не являются для них обычными. Нормальным у жертв астральных лярв является частое развитие эмоциональных реакций, таких как агрессия, страх, депрессия, гнев, стыд, дискомфорт.

Общее утомление вызывает также снижение иммунной системы, что предрасполагает хозяина к развитию других симптомов, которые при других обстоятельствах не могли бы возникнуть в организме.

Выделение энергии, вызванное этим состоянием, делает человека тем специфическим источником, который личинка ищет для своего развития.

Что это такое?

Энергетические паразиты, называемые также сущностями, — это эфирные или астральные фрагменты, элементарные существа, энергии и т. д., которые прилипли к нам по разным каналам, основными из которых являются беременность, детство и, особенно, когда мы находимся в состоянии низких энергий или низкого уровня вибраций.

Эти энергетические паразиты питаются нашей жизненной энергией, питаются нашими страхами и разочарованиями, постепенно поглощая нас. Некоторые болезни, возникающие в нашем физическом теле, в том числе и рак, порождены этими энергетическими паразитами.

Где они остановились?

Эти паразиты могут обитать в физическом, эфирном и астральном телах. В физическом теле они обычно поселяются в голове, в областях: спинной, поясничной и крестцовой спины, в подвздошной области, во влагалище или матке, в толстой кишке и т. д., в общем, в любой внутренней полости. Обычно энергетические паразиты, поселяющиеся в нашем физическом теле, притягиваются к положительно заряженным элементам нашего организма, задерживаясь в костной системе.

Как они обнаруживаются?

Во-первых, эти энергетические паразиты вызывают у нас тягу к чрезмерному потреблению пищи. Среди этих тяг мы находим следующие:

Сладости и шоколад, тяжелая пища, такая как мясо и острая пища, кофе, табак, нездоровая пища, алкоголь и, главным образом, сахар.

Его наличие проявляется болью в спине, между лопатками или в поясничной области, а также чрезмерной усталостью, трудностями со сном, затуманенным зрением, ощущением лишнего веса на спине, как при ношении рюкзака.

Поскольку это не имеет видимых проявлений, наличие астральных личинок редко обнаруживается людьми, не прошедшими соответствующую подготовку. Однако они всегда проявляются во внутреннем мире. Часто возникают проблемы со сном и кошмары. Некоторые люди отмечают ощущение стеснения в груди, как будто какая-то сила давит на них.

Усугубляется личностный настрой, вплоть до возникновения необъяснимых панических атак и заболеваний загадочного происхождения.

По мнению специалистов, от сорока до шестидесяти процентов проблем, подрывающих психику человека, связаны с участием, пусть даже временным, маленькой лярвы. А от пяти до десяти процентов — это астральные лярвы, которые являются виновниками всей проблемы.

Для защиты от астральных личинок можно применить несколько простых решений, хотя, как всегда, лучше предотвратить их до того, как они будут установлены. Для этого есть те, кто рекомендует максимально ограничить энергетическое тело. Таким образом, человек может остаться незамеченным и не привлекать к себе внимания как потенциальная жертва.

Для их предотвращения полезно использовать камфору или лимон.

Однако если вы уже знаете пострадавшего от астральных личинок и хотите ему помочь, важно различать размеры личинки, о которой идет речь.

Астральные существа часто пользуются атаками, когда человек спит, хотя есть силы, которые атакуют во время бодрствования, и это слишком страшные вещи, потому что они гораздо сильнее. Кроме физических атак, существуют и психические, гораздо более тонкие, жертвой которых, можно сказать, становится каждый.

Эти негативные существа, живущие в астральном мире (мире эмоций), питаются нашими негативными эмоциями, такими как гнев, страх, печаль, депрессия, и позволить себе быть поглощенным этими эмоциями, значит позволить себе быть поглощенным этими существами, и именно поэтому вы чувствуете сильные неконтролируемые эмоции.

Конечно, подобно тому, как мы создаем животноводческие фермы, а затем потребляем их пищу, эти существа готовят нас на эмоциональном уровне к тому, чтобы стать их пищей, и именно через провоцирование негативных чувств мы позволяем себе увлечься ими.

Человек - единственный, кто способен вырабатывать определенные мысли и эмоции. Таким образом, человек, охваченный страхом, питает этих существ, а те, в свою очередь, каким-то образом вызывают у людей определенные виды страха.

В этой части есть уровни и уровни, и человек, у которого мало силы воли, постепенно погружается в эти негативные чувства. Кто-то начинает с того, что вызывает у него гнев, потом он становится более диким, более инстинктивным, пока не переходит на другой уровень и не становится убийцей.

Как защитить дом от личинок или астральных паразитов

- Обеспечьте доступ света, особенно естественного, каждое утро открывайте окна и впускайте в помещение новую энергию.
- Поддерживайте чистоту и проветривание в своем доме.
- Не накапливайте вещи, которыми вы не пользуетесь.
- Не храните дома сломанные вещи.
- Не держите дома старые предметы, если не знаете их происхождения.
- Избегайте чрезмерного количества зеркал в помещениях.
- Не играйте со спиритической доской.

- Не играйте в заброшенных домах и на кладбищах.
- Не занимайтесь черной магией.
- Часто зажигайте в доме благовония, эссенции и свечи.
- Принимайте водные ванны с морской солью и уксусом или другие виды ванн для очищения ауры.

- Носите кварц или кристаллы в аксессуарах.

- Поставьте стаканы с водой и морской солью в углах дома под кроватью и обновляйте их, когда они загрязняются и накапливают плохие энергии.

-Очистите дом изнутри с помощью морской соли.

- Важно иметь в доме такие предметы, как: Ангелы, слоны с поднятым хоботом, Будды, совы, лягушки.
- Используйте тибетские чаши или металлические колокольчики, так как их звучание очищает ауру и энергию.

Следует помнить, что никакая уборка не поможет надолго, если в доме продолжает царить атмосфера обсуждений, лжи, обид, грязи, беспорядка, пороков и т. д. Поэтому старайтесь поддерживать свою частоту вибрации на высоком уровне, так вы не дадите возможности энергиям такого рода проявиться и прикрепиться к вашей жизни и дому.

Энергетические очистители для поддержания здоровья

Для того чтобы наш дом был максимально позитивным, у нас есть союзники, которых мы можем внедрять постоянно, — это элементы, которые с древних времен считаются покровителями, дарителями благополучия, взрывателями энергии и защитниками здоровья.

Вода и морская соль

Нужно наполнить стакан наполовину морской солью, добавлять воду до тех пор, пока не заполнится другая часть стакана. Затем нужно поставить этот стакан где-нибудь в доме. Он будет поглощать плохие энергии. Это можно заметить по пузырькам в воде и по соли, выступающей на краю стакана. (Стакан необходимо менять раз в месяц).

Уксус и морская соль для глубокого очищения

Наполните стакан чуть больше, чем наполовину солью и полностью уксусом. Поставьте этот стакан на тарелку и поставьте ее за входной дверью. Оставьте его до тех пор, пока соль не перельется через край. Это удобно тем, что его не видят другие люди. Когда стакан переполнится, снимите его, используя перчатки, и вылейте содержимое в унитаз.

Очистка лимонов

Возьмите лимон и сделайте 5 надрезов в виде букетов, но не разрезая весь лимон. Затем положите его в стакан, наполовину наполненный водой. Поставьте стакан под кровать на высоте головы. Оставить на 4-6 дней. По истечении этого времени его можно выбросить в обычный мусор.

Заклинание 3-х свечей

Этот ритуал предназначен для людей, выздоравливающих после болезни или испытывающих физическую боль, которую трудно устранить. (Следует продолжать прием лекарств, это дополнительно способствует более быстрому выздоровлению).

Необходимые элементы:
- 1 золотая свеча
- 1 белая свеча
- 1 зеленая свеча
- 1 контейнер для размещения свечей.
- 1 фотография или личный предмет
- 1 стакан святой воды

Я разместил 3 свечи в форме треугольника на контейнере, в центре поместил фотографию или личный предмет, затем поставил стакан со святой водой над фотографией или рядом с личным предметом внутри треугольника из свечей. Затем зажгите свечи по часовой стрелке. Повторите, зажигая свечи: Mwen limen bouji sa yo pou reyalize rekiperasyon mwen an, envoke 3 dife entèn mwen yo ak salamand yo pwoteksyon ak undines, transmute doulè sa an ak malèz nan enèji geri nan sante ak byennèt. Повторите это предложение 12 раз.

По окончании молитвы возьмите стакан двумя руками и выбросьте воду в канализацию дома, в завершение ритуала погасите свечи пальцами, их можно использовать еще раз для той же цели. Наиболее эффективен в воскресенье в период Солнца или Юпитера.

Заклинание против пороков

Нужно взять бутылку с крышкой, наполнить ее наполовину яблочным уксусом, а другую - алкогольным напитком или наркотиком, который употребляет человек. Наполняя ее, он твердо повторяет: "Я призываю отца-вселенную и мать-землю, четыре стихии, чтобы ваша сущность заставила этот порок стать кислым и горьким во рту (повторяете имя человека) и полностью покинуть его". Закройте бутылку и заклейте ее скотчем, снова возьмите бутылку в руки и встряхните ее семь раз, повторяя при этом: "Пока эта бутылка остается запечатанной, (имя человека) больше не попадет ни в какую зависимость".

Очистите бутылку снаружи святой водой и бросьте ее в реку.

Магические растения, используемые в зеленой магии. Свойства. Использование

Белая акация или черная акация: для египтян акация считалась священным деревом, поскольку символизировала бессмертие души. Даже в текстах пирамид говорится о рождении из нее ребенка Гора. Между тем, по легенде, именно из этого растения произошло дерево, на котором умер Иисус Христос, как утверждали росикрусиан - масонская братская организация. Это колючее, листопадное дерево с исключительно крупными стручками семян, которое обычно используется для сеансов медитации. Обычно зеленые листья сжигают в центре круга медитации. Широко используется для очищения дома от плохой энергии или для ее циркуляции. Он убивает микробы, способствует пищеварению, облегчает диарею и может использоваться в качестве бальзама для заживления ран.

Ромашка: это трава, которая естественно растет в дикой природе, но ее легко вырастить и в домашних условиях. Листья ромашки самарской - древняя практика привлечения процветания или денег. Она также используется в виде благовоний для прекращения плохого настроения и привлечения радости. Она способствует хорошему пищеварению, контролирует диабет, снимает менструальные спазмы.

Чеснок: это один из овощей, наиболее известных своими защитными свойствами. Его часто используют для лечения сглаза и в качестве защитного талисмана. Чеснок можно положить у входа в дом, чтобы предотвратить проникновение в него плохих вибраций. А также под кроватью для сбора плохих энергий. Природный антибиотик, противогрибковое средство, идеально подходит для борьбы с вирусами, снижает уровень плохого холестерина, уменьшает кровяное давление, мощный антиоксидант и антитоксическое средство.

Рута мужская или рута женская: это ароматическое растение с сильным запахом, которое, помимо многих лекарственных свойств, обладает магической силой. С использованием руты проводятся многие ритуалы. (Ниже приводится более подробное описание этого удивительного и магического растения). Традиция гласит, что руту нужно ставить у входа в дом, в секторе, где ее будут касаться входящие в него люди, нужно всегда поглаживать руту перед входом в дом, чтобы оставить плохую энергию снаружи. Она тонизирует артерии, защищает капилляры и укрепляет их стенки, лечит варикозное расширение вен, отеки и другие нарушения кровообращения, а также предотвращает внутренние кровотечения. Обладает пищеварительными свойствами, предотвращает тяжесть в желудке и изжогу, уменьшает газообразование и несварение, стимулирует работу желчевыводящих путей, рекомендуется употреблять после еды при обильном приеме. Обладает спазмолитическими свойствами, то есть помогает при коликах, диарее и спазмах желудка. Способствует менструации, усиливая кровообращение в матке, поэтому не рекомендуется при беременности, так как может вызвать выкидыш. Благодаря седативному действию используется для уменьшения симптомов стресса, тревоги, нервозности и бессонницы. Успокаивает боль при ушибах и растяжениях, снимает воспаление при ревматических заболеваниях и артритах. Он способствует снижению веса, уменьшает задержку жидкости в организме, стимулирует высвобождение жирных кислот и жировой ткани. Следует знать, что употребление руты в больших количествах может быть токсичным, так же, как и употребление ее масла внутрь (что показано только для наружного лечения). Приготовить чай из руты можно из расчета не более 12 листьев растения на 1 л воды. Заварите и дайте настояться в течение десяти минут, процедите и пейте до двух чашек в день.

Тимьян: Эта ароматная трава используется для привлечения здоровья. Его листья следует сжигать на горячих углях или древесном угле, и это принесет процветание и здоровую жизнь всем людям, живущим в месте проведения ритуала. При заболеваниях дыхательных путей она обладает противовоспалительным действием, для лечения проблем с пищеварением, успокаивает боль, является антиоксидантом, укрепляет защитные силы организма и обладает расслабляющим действием.

Розмарин: очень ароматное растение, которое используется (в очень небольших количествах) для приправы к блюдам. Розмарин привлекает удачу, физическое благополучие и отгоняет зависть. Не нужно его сжигать, повесив букет на стену дома, дом будет защищен, а все люди здоровы. Это антисептическое, спазмолитическое, ароматизирующее, репаративное, стимулирующее желудок, ветрогонное, желчегонное - способствует отхождению желчи, мочегонное и гипотензивное средство.

Жасмин: этот цветок хорошо известен своим прекрасным ароматом и в виде благовоний или ладана используется для привлечения любви и защиты чувств и отношений от зависти окружающих. Жасмин содержит успокаивающие свойства, которые делают его идеальным средством, помогающим нам контролировать тревогу и другие нервные проблемы, такие как гиперактивность, стресс или депрессия. Он служит снотворным средством, правда, не совсем снотворным, но он может помочь нам регулировать сон, когда у нас возникают проблемы со сном. В жасмине много компонентов, которые усиливают выработку в нашем организме мелатонина - гормона, необходимого для сна каждого человека.

Как и многие другие травы этого типа, жасмин обладает спазмолитическим действием и полезен для лечения мышечных и желудочных расстройств, особенно колик. Если у вас периодически случаются спазмы или вы просыпаетесь с большим количеством газов или судорог, вы можете принять жасмин, чтобы справиться с этой проблемой.

Анти тромбоз: тромбоз — это заболевание артерий, связанное с циркуляцией крови. Жасмин обладает свойствами, богатыми салициловой кислотой, которая является прекрасным средством, стимулирующим циркуляцию крови и улучшающим ее движение по венам. Он является антисептиком, хорошо очищает кожу и дезинфицирует всевозможные поверхностные раны на ней.

Ванна для спокойствия

Необходимые элементы:
-Бузил
-Чайот
-Харк
- Морская вода или морская соль, разведенная в воде.
- Кельн 1800
- Кокосовая вода
- 1 синяя свеча

Базилик и чайот отварить в морской или подсоленной воде. После остывания процедить и добавить кокосовую воду, Агуафлориды и шелуху. Зажгите синюю свечу и вылейте эту смесь в воду для ванны. Если у вас нет ванны, то опрокиньте ее на себя, и вы не высохнете.

Целебная ванна

Необходимые элементы:
-Баклажан
-Мудрец
-Рю
-Бренди
-Харк
- Вода Флориды
- Дождевая вода
- Зеленая свеча (если она в пирамидальной форме, то более эффективна)

Эта ванна будет более эффективной, если делать ее в воскресенье в период Солнца или Юпитера. Нарежьте баклажан на мелкие кусочки и положите его в большую кастрюлю. Затем отварить шалфей и руту в дождевой воде. Процедите жидкость над кусочками баклажана, добавьте Aguaflorida, бренди, шелуху и зажгите свечу. Вылейте смесь в воду для ванны. Если у вас нет ванны, вы выливаете ее и вытираетесь воздухом, то есть не пользуетесь полотенцем.

Защитная ванна перед хирургической операцией

Необходимые элементы:
- Фиолетовый колокольчик
- Кокосовая вода
- Шелуха
- Кельн 1800
- Всегда живой
- Листья мяты
- Листья руты
- Листья розмарина
- Белый парус
- Масло лаванды

Эта ванна наиболее эффективна, если делать ее в четверг в период Луны или Марса.

Отварите все растения в кокосовой воде, когда она остынет, процедите ее и добавьте шелуху, одеколон, лавандовое масло и зажгите свечу на западной стороне ванной комнаты. Вылейте смесь в воду для ванны. Если у вас нет ванны, вы бросаете ее сверху и не высыхаете.

Необыкновенное растение рута

Это активный ингредиент многих ритуалов и заклинаний во всех магических традициях. Это растение удачи, наши предки наделили его способностью очищать дух, считая его символом чистоты. Ее используют для очищения сознания и достижения ясновидения, сжигают в домах, помимо ароматизации, она служит для отгона проклятий и невидимых присутствий. Рута используется как в магии, так и в натуральной медицине, китайцы применяли ее для борьбы с лихорадкой и дурными мыслями. Это настоящий оберег, защищающий от злых дел. Это магическая трава высочайшего класса. Она защищает от сглаза, зависти и привлекает любовь.

Предостережение: поскольку это растение является абортивным, при менструальных кровотечениях следует соблюдать особую осторожность, так как, хотя оно и способствует их появлению и облегчает боль, но может угрожать здоровью плода, если задержка вызвана беременностью.

Несмотря на то, что рута отпугивает насекомых, при нанесении ее на кожу в некоторых случаях может возникнуть раздражающий эффект.

Его дозировка также не рекомендуется пациентам, страдающим заболеваниями почек.

Свойства Рю

Рук рекомендуется тем, кто исповедует вредную привычку пессимизма, поскольку это растение, укрепляя веру и волю, показывает, что лучший талисман для привлечения здоровья и удачи — это позитивный настрой. Когда дела идут неважно, руте удается трансформировать негативные энергии в позитивные, будь то энергия дома, близких людей, собственного разума или скрытых врагов. Она также помогает увеличить силу контроля над разумом.

- Свежую ветку можно использовать для окропления священной водой и освящения благословений и исцелений.

- Используется в составе масла для алтаря, благословляет, очищает, освящает, защищает, изгоняет злых духов и негативные энергии.

- Создавайте вдохновение и мудрость.

- Он защищает от несчастных случаев, психических атак низших духов, зависти и т. д.

- Он действует как профилактика, поскольку создает защитное поле вокруг тех, кто им обладает.

- Ношение руты на шее способствует выздоровлению после болезней и отгоняет проблемы со здоровьем в будущем.

- Считается растением прощения. Тот, кто принимает его, прощает, прощает себя, забывает плохие чувства к себе и другим и стремится к здоровому оптимизму.

- Он обладает защитными свойствами, если его повесить на дверь или положить в мешочки, а если потереть свежие листья о пол, то они отменяют все негативные заклинания, направленные против человека.

- Если носить с собой сухую веточку, перевязанную красным бантом, то можно не только избавиться от укусов насекомых и любых ядовитых животных, но и получить защиту от негативных энергий, таких как зависть или ревность, а также от любых заклинаний и проклятий.

- Если выдержать его в спирте в течение 24 часов, а затем сделать глоток, то он освобождает нас от зла любви и невезения.

- Ношение листа в кошельке приносит удачу. Для изготовления амулета следует хранить листья руты в небольшом мешочке из красной ткани, зашитом красной нитью. Этот мешочек следует всегда носить с собой.

Ритуал детоксикации нашего дома с Рю

Чтобы удалить из окружающей среды и из себя негативные энергии, которые мешают нам притягивать все позитивное, достаточно в течение девяти дней подряд сжигать по всему дому небольшое количество сухого растения руты. Это благовоние является прекрасным дезинфицирующим средством, которое настоятельно рекомендуется при инфекционных и эпидемических заболеваниях.

Пирамиды и здоровье

Пирамиды привлекают энергию, повышают жизненный тонус, устраняют плохие вибрации, привлекают процветание и укрепляют любовь. Пирамиды в ритуалах незаменимы. Доказано, что пирамиды являются катализаторами и проводниками космических энергий. Маги используют пирамиды для усиления любого заклинания. Ритуалы с пирамидами в сфере здоровья основаны на восстановлении энергетического баланса больного человека и могут быть использованы при таких недугах, как простуда, бронхит, астма, синусит, головная боль, мигрень, гипертония, диарея, язва, желудок, аллергия, кожные заболевания, запоры, гастрит, ревматизм и др.

Подходящий цвет

Красный: ассоциируется с текучестью, здоровьем и жизненной силой.

Оранжевый: способствует активности, радости и физической силе.

Желтый: стимулирует творчество, улучшает память, предотвращает страх.

Синий: создает состояния покоя, понимания, воодушевления, интуиции и чистоты.

Фиолетовый: дает силу, вдохновение и способность направлять.

Розовый: предотвращает стресс, вызывает сон и побуждает к нежности.

Белый: Цвет, олицетворяющий чистоту и способный усилить эффект других оттенков.

Коричневый: Оттенок плодородия, приближающий нас к матери-земле и ассоциирующийся с изобилием и прогрессом.

Зеленый цвет: мотивирует к равновесию, личностному росту и единению с природой.

Ритуал против головной боли или боли в желудке.

Поместите на несколько минут пирамидку из белого кварца в том месте, где ощущается боль, которая разблокирует зоны, где ощущается дискомфорт, и борется с болью.

Ритуал дистанционного исцеления

Напишите на бумаге свое прошение, например: "Я хочу, чтобы (имя человека) поскорее излечился от болезни (указать какой)" и положите бумажку под зеленую пирамидку. Этот ритуал нужно проводить девять дней подряд, а по истечении этого времени бумагу сжечь и выбросить. Не следует проводить этот ритуал, если человек находится в тяжелом состоянии, в коме, под воздействием наркотиков или алкоголя, так как это может привести к неблагоприятным последствиям.

Ритуал отказа от курения

Нужно набрать воду в литр и оставить его под зеленой пирамидой на пять минут, затем поставить в холодильник и, когда захочется курить, выпить эту воду. Чтобы усилить ритуал, сначала представьте себе легкие, наполненные дымом, а затем - как они полностью очищаются.

Ритуал повышения жизненного тонуса

Погрузите алюминиевую пирамиду в ведро с водой на 24 часа. На следующий день после обычного купания ополоснитесь этой водой. Этот ритуал можно проводить один раз в неделю.

Ритуал против ожирения

Перед приемом пищи следует в течение десяти минут медитировать под деревянной пирамидкой. Затем на листе бумаги написать список продуктов, которые вы потребляете чаще всего и которые следует умерить. Важно, чтобы вы выглядели стройными и здоровыми. Выполняйте этот ритуал ежедневно в течение 15 дней.

Ритуал против менструальных когтей

Следует лечь на спину головой на север и положить желтую пирамидку на низ живота на 10 минут, тогда недомогания исчезнут.

Ритуал для расслабления

Возьмите в руки фиолетовую пирамидку, лягте на спину с закрытыми глазами, сохраняйте сознание пустым и дышите спокойно. В этот момент вы почувствуете, что ваши руки, ноги и грудь онемели. Затем вы почувствуете тяжесть, это означает, что вы полностью расслабились, этот ритуал порождает мир и гармонию.

Ритуал для здоровой старости

Вы должны взять большое яйцо и покрасить его в золотистый цвет. Когда краска высохнет, поместите его в круг, который вы сделаете из 7 свечей (1 красная, 1 желтая, 1 зеленая, 1 розовая, 1 голубая, 1 фиолетовая, 1 белая). Вы садитесь перед кругом, накрыв голову белым платком, и зажигаете свечи по часовой стрелке. По мере их зажигания произносите следующие утверждения:

1 Geniuos transmitto obtinere prosperus et salutaris posterum

2- Prosperus et salutaris sensum assequi transmitto posterum

3- Ego sanum prosperum conferre gaudia adipisci posterum

4- amoris gratuiti et transmittere and obtinendam irregularitatum prosperus et salutaris ille futura! Sana me transmitter

5 Proprii ingenii habeatur res suas recognoscens futura!

6- non transmittunt lucem remissionemque mereatur obtinere prosperus et salutaris ille futura!

7- Me transmit perfect pax et concordia obtinere prosperus et salutaris ille futura!

Дайте свечам догореть. Затем закопайте яйцо в глиняный горшок, засыпьте его пляжным песком и оставьте на свету Солнца и Луны на три дня и ночи подряд. Этот горшок будет стоять у вас дома три года, по истечении этого срока вы выкопаете яйцо, разобьете скорлупу и то, что найдете внутри, оставите дома в качестве защитного амулета.

Масла

Эфирные масла, как и свечи и растения, традиционно используются в магии. Они используются не только для освящения свечей и биоэнергетического целительства, но и в ритуалах и заклинаниях. С помощью масел мы можем вызывать духов, наших духовных наставников и вознесенных экспертов, поскольку каждое масло обладает различными свойствами.

Некоторые из них обладают терапевтическими, расслабляющими и энергетическими свойствами. Они действуют на тонких планах, поэтому их можно использовать в качестве вибротерапии. Они также способствуют медитации, концентрации и всем тем техникам, которые направлены на достижение равновесия и гармонии. Но это еще не все. По мнению специалистов, масла впитывают в себя качества цветка или растения, из которого они изготовлены, и таким же образом эти полезные свойства переходят к человеку, на которого они наносятся.

Эфирные масла

БАЗИЛ ocimum basilicum, сладкое восстанавливающее масло. Хорошо проясняет сознание и помогает сосредоточиться, особенно при усталости. Идеально после напряженного дня.

AZAHAR citrus aurantium amara, цветочная почка горького апельсина. Успокаивает и расслабляет во время стресса. Способствует восстановлению сна. Идеально подходит для ухода за кожей, особенно за зрелой и сухой.

Цитрусовый бергамот **BERGAMOT**, расслабляющий, освежающий. Прекрасно подходит для ухода за кожей, особенно если она жирная или с пятнами. Цитрусовый аромат. Добавьте каплю в холодную кипяченую воду, например, для полоскания рта.

Бензоин **BENZOINA** styrax, содержит ванилин, придающий ему сливочный аромат. Смягчает и успокаивает. Хорошая защита для огрубевшей кожи, особенно для тех, кто работает на открытом воздухе. Может потребоваться разогрев.

CAJAPUT malaleuca cajaputi, с резким камфорным запахом, как у эвкалипта. Особенно полезен в зимние месяцы благодаря своим свойствам очищать, промывать, убирать загрязнения.

КАМАМИЛА anthemis nobilis, со сладким фруктовым ароматом. Прекрасно подходит для ухода за кожей, особенно чувствительной и проблемной. Успокаивает и расслабляет. Навевает сон. Идеально подходит для лечения затвердевших суставов и мышц.
CANELA cinnamomum zeylanicum, ароматический лист, выделяет тепло. Стимулирует работу всех систем. Идеальный ароматизатор для помещений. Смешивается с апельсином и гвоздикой.

CEDRO cedrus atlantica - одно из древнейших масел, традиционно используемое в качестве фиксатора в парфюмерной промышленности. Успокаивающий аромат дерева. Хорошо помогает при жирной коже и зуде кожи головы. Его можно добавлять в аромакурительницы в шкафах для отпугивания моли.

CILANTRO coriandrum sativum, сладкий аромат. Стимулирует и освежает. Хорошо снимает мышечное трение. Открывает аппетит и способствует пищеварению.

CIPRES cupressus sempervirens, освежающий аромат. Природный дезодорант. Вяжущее средство, часто используется после бритья. Полезно для борьбы с целлюлитом и потливостью ног. Полезно в период менопаузы.

КЛОВЫ eugenia caryophyllata, теплый аромат. Прекрасно подходит для полоскания полости рта. Антисептик. Отпугивает насекомых.

Эвкалипт EUCALYPTUS eucalyptus globulus, сильный антисептик. Хорошо известное зимнее масло, традиционно используемое благодаря своему резкому аромату, который очищает, убирает загрязнения и проясняет. Его можно сжигать, чтобы очистить воздух от микробов, или добавлять в массажное масло, чтобы очистить грудь трением. Идеально подходит для спортсменов.

HINOJO foeniculum vulgare, сладкое детоксицирующее масло. Улучшает кровообращение, помогает бороться с целлюлитом и лишним весом.

INCIENSO boswellia carteri, теплый успокаивающий аромат. Традиционно используется для сжигания, как вспомогательное средство для медитации: создает духовную обстановку. Полезен в уходе за кожей. Идеально подходит для зрелой кожи (обладает омолаживающими свойствами).

GERANIUM pelargonium graveolens - освежающее масло, уравновешивающее отношения между разумом и телом. Приятный аромат цветов широко используется в парфюмерной промышленности. Прекрасно подходит для ухода за кожей. Хорошее средство от насекомых. Добавлять в массажное масло или ванну, против целлюлита.

Имбирь zingiber officinalis, традиционное китайское средство от избытка влаги. Идеально подходит для зимнего периода, так как выделяет тепло. Хорошее тонизирующее средство для мышц.

LEMONGRASS cymbopogon citratus, интенсивный и сладкий аромат лимона. Прекрасно испаряет и заставляет исчезать неприятные запахи. Поднимает настроение и освежает. Хорошо подходит для усталых и потных ног. Хороший ополаскиватель для жирных волос.

JAZMIN jasminium grandiflorum, расслабляет, успокаивает и помогает поднять настроение. Идеально подходит в качестве увлажняющего средства для сухой и чувствительной кожи. Чувственные свойства.

JUNIPERO juniperus communis, антисептическое и вяжущее средство, идеально подходит для жирной кожи. Добавлять в массажное масло или основу для ванн для борьбы с целлюлитом. Втирайте в кожу головы, чтобы получить здоровые волосы. Оказывает очищающее действие на организм.

Лаванда lavendula angustifolia - самое мягкое, но и самое эффективное из эфирных масел. Его можно использовать в чистом виде как антисептик. Прекрасно подходит для ухода за кожей. Помогает отдохнуть, восстанавливает равновесие, навевает сон.

LIME (дистиллированный) citrus aurantifolia, прекрасное тонизирующее и антисептическое средство. Свежий, сладкий и восхитительный аромат. Получается путем дистилляции целых спелых плодов.

ЛЕМОН citrus limonum, прекрасный антисептик. Освежает и поднимает настроение. Хорошее средство от насекомых. Хорошо подходит для ополаскивания волос. Может использоваться для осветления пятен на коже рук, а также для тонизирования и кондиционирования ногтей и кутикулы. Хорошо смешивается с другими маслами.

MANDARINA citrus reticulata, известно своим мягким и успокаивающим действием, подходит даже для самых хрупких. Добавляется в массажное масло для профилактики растяжек.

MEJORANA origanum marjorana, сладкое теплое, успокаивающее масло. Хорошо помогает уставшим мышцам и идеально подходит после занятий каким-либо видом спорта. Просто добавьте в массажное масло и разотрите. Массаж живота во время менструации.

МИНТ mentha piperita, проникающий запах, очищающий. Придает бодрость, идеально подходит в качестве спутника в путешествии. Используйте для купания уставших и вспотевших ног.

MIRRA commiphora myrrha, экзотический аромат. Древнегреческие воины брали его с собой в сражения. Хорошо подходит для полоскания рта. Хорошо подходит для ухода за кожей, особенно за проблемной.

ORANGE citrus sinensis, успокаивает. Поднимает настроение. Добавлять в основу для ванн в зимнее время. Навевает сон. Идеально при испарении. Хорошо смешивается с другими маслами.

NUTTY NUT myristica fragrans, теплый, сладкий и вкусный аромат. Стимулирует воображение. Полезен при трении мышц. Стимулирует пищеварение. Применять экономно.

PALMARROSA cymbopogon martinii, 'Indian geranium oil'- Прекрасно подходит для ухода за кожей. Способствует ее увлажнению. Идеально подходит для трудных периодов.

Экзотическое масло пачули **PACHULI** pogostemon. Оно помогает предотвратить сухость и шероховатость кожи. Для темных волос добавлять в шампунь или ополаскиватель. Втирать в кожу головы против перхоти. Используйте в качестве парфюма.

BLACK PEPPER piper nigrum, стимулирующее масло, выделяющее тепло. Хорошо помогает при трении мышц. Добавлять в массажное масло, до и после упражнений.

POMELO citrus paradisil, поднимает настроение. Охлаждает. Хорошее тонизирующее средство для кожи и волос. Полезен в период смятения.

ШАЛФЕЙ КЛАРИЙСКИЙ - успокаивает и расслабляет. Втирать в кожу живота перед менструацией. Идеально подходит для зрелой кожи и жирных волос. Определенный и сладкий аромат. Прекрасное тонизирующее средство для нервов.

Лучшее масло по знаку зодиака

АРЬЕВ: Перец, гвоздика, кедр, гвоздика.
TAURUS: фиалка, ваниль, магнолия.
GEMINI: анис, мята, бергамот, лаванда.
КАНЦЕР: лилия, лимон, гардения.
ЛЕВ: можжевельник, корица, сандаловое дерево, апельсин.
ВИРГО: Жимолость, пачули, лаванда, бергамот.
ЛИБРА: майоран, розовый, фиалка, ваниль.
СКОРПИОН: Сосна, гардения, гиацинт, мирра.
САГИТТАРИУС: анис, ладан, розмарин, шалфей.
КОПРИКОРН: сирень, вербена, кипарис.
AQUARIUS: Лаванда, сосна, анис, пачули.
РЫБЫ: эвкалипт, лилия, иланг-иланг, гвоздика.

Эвкалиптовое масло. Лучший очиститель

Эвкалипт - одно из самых полезных растений, родом из Австралии, эманации его листьев и плодов очищают и одурманивают воздух, делая его очень полезным для здоровья. Оно прекрасно подходит для очищения окружающей среды и организма. Применение этого горячего масла расслабляет и полезно при болях в теле, особенно если они хронические, а также для тех людей, которые отекают или страдают от болей в ногах. Оно прекрасно снимает воспаление с уставших ног и, в свою очередь, борется с артритом.

В качестве средства ароматерапии оказывает балансирующее действие на организм, поскольку заряжает энергией, очищает и убирает. Освежает, а в массаже особенно рекомендуется для поврежденной, обожженной и испачканной кожи. Оно служит дезодорирующим, заживляющим, противоревматическим, жаропонижающим и стимулирующим дыхательную систему средством.

Его побочным действием является то, что он отпугивает комаров своим сильным запахом.

Наиболее распространенный способ применения - втирание в кожу и накрывание тканью, чтобы выделяющееся тепло действовало, проникая через кожу. При болях следует нанести его на больное место и закрыть ватой или хлопчатобумажной повязкой то место, где сосредоточена боль. Если вы хотите очистить окружающую среду, оставьте горшок открытым, и его сильный запах начнет действовать, при этом важно, чтобы окна были закрыты, так же, как и двери. Идеальный вариант - оставить на ночь, а на следующее утро открыть все двери и окна.

Чтобы разблокировать дыхательные пути, перед сном следует обильно нанести масло на подошвы ног, а затем надеть чулки. Если вы хотите расслабиться, немного полежите на спине, груди и ногах и зайдите в холодную комнату. Для снижения температуры масло смешивают с очень холодной водой, смачивают этой смесью полотенце и укутывают больного.

Какао-масло. Лучший стимулятор

Это масло обладает прекрасными антидепрессивными свойствами благодаря большому количеству фенил этиламина, который является веществом, стимулирующим организм.

Его запах возбуждает приятное желание, поэтому на протяжении многих лет его использовали в качестве афродизиака или сексуального стимулятора, а также для доминирования через очарование его запаха.

Если вы хотите повысить свою сексуальность, то перед сном нанесите масло на все тело. В качестве антидепрессанта можно использовать в качестве крема для тела, очень рекомендуется женщинам во время менструации. Для доминирования можно использовать его во время секса с партнером.

Ритуал против бессонницы

Возьмите белый кварц среднего размера и пропустите его через все части тела по отдельности, начиная с головы и заканчивая ступнями. При этом громко повторяйте: Mwen vle dòmi ak rès, se poutèt sa mwen envoke zanj yo nan dòmi ede m 'reyalize objektif sa a. Сразу же наступит улучшение режима сна. Белый кварц должен быть закопан и посвящен духу земли.

Ритуал от головной боли

Следует лечь без подушки на пол, предварительно поставив в западной части комнаты фиолетовую свечу в форме пирамиды. На середину лба положите аметист в форме пирамиды. Визуализируйте черное облако, выходящее из головы, продвигающееся по телу, пока не выйдет из ног.

Заклинание для защиты здоровья наших питомцев.

Необходимо прокипятить минеральную воду, тимьян, розмарин и мяту. После остывания поместить в емкость с распылителем перед зеленой и золотой свечой. После того как свечи будут израсходованы, следует использовать этот распылитель на животном в течение девяти дней. На грудь и поясницу.

Заклинание от хронической боли.

Необходимые элементы:
- 1 золотая свеча
- 1 белая свеча
- 1 зеленая свеча
- 1 черный турмалин
- 1 фотография или личный предмет

-   1 стакан лунной воды
-   Фотография человека или предмета личного пользования

Поставьте 3 свечи в форме треугольника, а в центр поместите фотографию или личный предмет. Поверх фотографии поставьте стакан с лунной водой и насыпьте в него турмалин. Затем зажгите свечи и повторите следующее заклинание: "Я зажигаю эту свечу, чтобы добиться своего выздоровления, призывая свой внутренний огонь и защитных саламандр и ундин, чтобы транс мутировать эту боль и дискомфорт в целительную энергию здоровья и благополучия". Повторите эту фразу 3 раза. По окончании фразы возьмите стакан, выньте турмалин и выбросьте воду в слив в доме, задуйте свечи пальцами и сохраните их, чтобы повторять это заклинание до полного выздоровления. Турмалин можно использовать как амулет для здоровья.

Заклинание для снижения веса.

Необходимые элементы:
-   1 кукла, похожая на ту форму, которую вы хотите получить.
-   1 контейнер с широкой горловиной
-   Лунная вода или Святая вода
-   Пало Санто

Вы берете куклу и подписываете на обороте свое имя и дату рождения. Положите ее в емкость с широким горлышком и залейте священной водой.

Оставьте ее на солнце, пока вода не испарится в окружении палочек, которые я могу больше, чем вы. Затем возьмите куклу и пометьте ее черным карандашом на тех частях, которые до этого момента не похудели. Спрячьте ее в месте, которое никому не видно, пока не достигнете своей цели. Затем вы можете ее закопать.

Заклинание для немедленного улучшения

Возьмите белую, зеленую и желтую свечи. Освятите их (от основания до фитиля) сосновой эссенцией и поставьте на стол со светло-голубой скатертью в форме треугольника. В центр поставьте небольшую стеклянную емкость со спиртом и маленький аметист. В основание емкости положите бумажку с именем больного или фотографию с его полным именем на обороте и датой рождения. Зажгите три свечи и оставьте их гореть до тех пор, пока они не будут полностью израсходованы. Во время проведения ритуала визуализируйте человека полностью здоровым.

Магия розмарина

Розмарин по своей природе является жарким и сухим растением. Его корни, ветви, кора, цветы и листья обладают почти безграничными достоинствами. Нежнейшие отвары розмарина, съеденные в утренний пост с хлебом и солью, укрепляют голову и мозг, сохраняют остроту зрения и силу.

Цветок и листья розмарина, превращенные в пыль и положенные на левую сторону, отгоняют печаль и делают сердце светлее. Цветок розмарина, съеденный натощак с медом из этого же цветка и тостом из хлеба, сохраняет много здоровья. Дым розмарина отгоняет всякую чуму и дурную заразу.

Сожженные и растертые в порошок ветки и ствол розмарина отбеливают зубы, укрепляют их и не дают размножаться глистам и простудам. В домах, где принято курить розмарин, не поселяются злые духи.

Тот, кто привык купать тело в воде, приготовленной из розмарина, сохранит здоровье и молодость. Если больной ревматизмом будет вдыхать дым коры розмарина через нос, он выздоровеет.

Листья розмарина, растертые в пюре и приложенные к трещинам у детей, за девять дней исцеляют, заваривают и укрепляют их. Цветок розмарина, смешанный с медом и принимаемый утром и вечером, исцеляет от всякого скрытого зла, сохраняя и охраняя от всех болезней, происходящих от мокроты, вязкости и холода.

Высушенные зеленые цветки розмарина, смешанные с сахаром и принятые утром с рюмкой белого вина, изгоняют сердечные недуги, устраняют метеоризм и боли в желудке и, наконец, унимают рвоту.

Женщине, у которой мало молока для кормления детей, следует есть листья и цветки розмарина, и это вызовет обильное количество молока, так как он очищает кровь и успокаивает пищеварение.

Умывание лица розмариновой водой с полотняной салфеткой делает его красивым, свежим и блестящим, а если бы вместо воды было вино, приготовленное с розмарином, было бы еще лучше, потому что, используя каждый день, вы никогда не сморщите лицо, наоборот, оно будет сохранять свежесть и красоту, удаляя пятна и салфетки с лица.

Листья и корни розмарина, сваренные с уксусом, снимают боль в ногах и ступнях, уставших от ходьбы, если их обмыть этим раствором.

Заклинание против депрессии

Нужно взять правой рукой инжир и положить его на левую сторону рта, не разжевывая и не проглатывая. Затем следует взять виноградину левой рукой и положить ее на правую сторону рта, не разжевывая. Когда оба фрукта уже будут у вас во рту, одновременно откусите их и проглотите, выделяемая ими фруктоза даст вам энергию и радость.

Африканский афродизиак

Необходимо замочить шесть стручков ванили в текиле на две недели в герметичной бутылке. Встряхивайте ее несколько раз в день и, когда понадобится, выпивайте от десяти до пятнадцати капель для стимуляции полового влечения.

Волшебное зелье плодородия

Этот ритуал наиболее эффективен, если проводить его в период полумесяца.

Необходимые элементы:
- 9 Желтые свечи
- Пало Санто
- 1 стакан священной воды
- 1 Розовый кварц
- 1 желтая пластина
- Мед
- Коричневый сахар
- 1 Большое куриное яйцо и это полезно.

Спектакль №2 Венера

Отварите яйцо. Подготовьте алтарь следующим образом: слева поставьте желтую свечу, справа - пало Санто, желтую тарелку в центре над спектаклем № 2 Венеры вместе с розовым кварцем и положите на тарелку яйцо. Полейте яйцо медом и посыпьте сахаром. Зажгите свечи и повторите следующее заклинание: Soft ak Safe chita nan matris la. Ou vini nan lavi mwen, ti bebe dous mwen. Этот ритуал должен быть светел в течение 9 дней, поэтому, если свечи погаснут, поставьте другую. По истечении 9 дней нужно пойти в место, где есть растительность, например, в сад, парк и т. д., и оставить яйцо вместе с остальными ингредиентами.

Заклинание восстановления

Необходимые элементы:
- 1 белая или розовая свеча
- Положите их на розу.
- Эвкалиптовое масло
- Лимонное масло
- Апельсиновое масло

Напишите швейной иглой имя того, кто нуждается в заклинании. Освятите свечу с маслами под полной луной, повторяя при этом: "Земля, воздух, огонь, вода приносят мир, здоровье, радость и любовь в жизнь (называете имя человека)". Дайте свече полностью сгореть. Остатки свечи можно выбросить в любое место.

Ирландское заклинание для исцеления на расстоянии

Необходимые элементы:
- 1 лист фиолетовой бумаги
- Белая тычинка
- 1 ножницы
- Свежие фиалки
- 1 черное перо птицы
- 1 фиолетовая свеча
- 1 небольшая ваза
- 1 Фотография лица
- Священная вода

Это заклинание наиболее эффективно при полной Луне или в четверг в момент Солнца или Юпитера.

Зажгите свечу и наполните вазу святой водой. Поместите фиалки внутрь вазы. Из фиолетовой бумаги вырежьте сердце, на одной стороне которого напишете полное имя человека, а на другой - слова "Отличного здоровья". В левой части сердца сделайте небольшое отверстие, проденьте через него белый шнур и привяжите его к вазе вместе с птичьим пером. Храните его до тех пор, пока человек не поправится.

Цыганское заклинание для здоровья детей

В ежедневный туалет нужно положить одеколон Aguaflorida, а затем завязать красной ленточкой пучок руты и положить его под кровать или кроватку на 7 дней. По истечении этого времени хорошо завернуть их в белую ткань и закопать, чтобы земля впитала негатив ребенка.

Гаитянское заклинание от головной боли

В пустую банку из-под консервов положите использованный кофейный порошок, то есть тот, который вы вынули из кофеварки, когда мыли ее. Когда начнет болеть голова, наберите в железную кастрюлю воды. Возьмите банку, добавьте в нее три столовые ложки кофе и залейте кипятком до краев. Дайте настояться и выпейте три стакана препарата без подслащивания. Остальное выбросьте, вымойте банку и поставьте ее у изголовья кровати вверх дном.

Заклинание с помощью эфирных масел

Смешать семь капель эфирного масла ванили, семь капель эфирного масла мяты перечной, семь капель эфирного масла лимона, яблока, руты и ромашки. Этим маслом намазать тело больного человека, пока не будет израсходовано все количество.

Заклинание для устранения негативных энергий

Это заклинание наиболее эффективно, если проводить его в воскресенье в солнечное время. При этом необходимо оставаться без одежды или в легко снимаемом халате. Это необходимо для того, чтобы ничто не мешало очистке магнитного поля. В стеклянную банку наливают розовую воду, добавляют морскую соль, лепестки красных и белых роз и пять столовых ложек меда. Перед проведением ритуала перед фиолетовой свечой все это оставляют на 24 часа. Зажигается белая свеча, перед ней раздеваются, пропускают через тело дым благовоний шалфея, начинать нужно с подошв ног. Затем берете обсидиановый кварц или оникс и проводите им по всему телу, начиная также со ступней. Затем смочите тело водой из стеклянной банки и дайте воздуху высушить вас. Ваша аура полностью очищена, а тело наполнено жизненной силой.

Порошок для противодействия экстрасенсорным атакам

Необходимые элементы:
- Цветы календулы,
- 1 чайная ложка подсолнечного масла
- 1 столовая ложка сушеных цветков лаванды
- эфирное апельсиновое масло

Измельчите цветки и смешайте их с подсолнечным маслом, добавьте пять капель апельсинового масла. Полученную смесь поместить в пластиковый контейнер и поставить в холодильник. Когда оно застынет, всегда держите его под рукой и кончиками пальцев натирайте им запястья и за ушами, когда чувствуете себя уязвимым перед негативной энергией. Растирая себя, просите Вселенную или своего ангела-хранителя защитить вас.

Удаление паразитов

Чтобы избавиться от паразитов, нужно взять пучок чеснока и сделать из него ожерелье. Наденьте его на три ночи, и постепенно вы избавитесь от этих нежелательных животных.

Ванная комната для сна и отдыха

Заварите липу и розмарин в священной воде. Когда вы идете купаться, после ополаскивания выливайте воду от шеи вниз. Вы не должны высыхать.

Заклинание для похудения

Нужно уколоть палец булавкой и на белую бумагу налить 3 капли своей крови и столовую ложку сахара, затем закрыть бумагу, обернув кровь сахаром. Эту бумагу поместите в новый стеклянный сосуд без рисунков, наполните стакан до половины мочой, оставьте на ночь перед белой свечой, а на следующий день закопайте.

За

клинание для снятия головной боли

Необходимо взять белую свечу и вставить в нее три гвоздики. Напечатайте имя человека, который испытывает боль. Зажгите свечу и помолитесь о здоровье этого человека.

Волшебная формула сияющей кожи

Смешайте восемь столовых ложек меда, восемь чайных ложек оливкового масла, восемь столовых ложек коричневого сахара, тертую цедру лимона и четыре капли лимонки. Когда смесь станет похожа на мягкое тесто, нанесите ее на все тело, массируя в течение пяти минут. Затем принять ванну, чередуя горячую воду с холодной.

Заклинание для лечения зубной боли

Из морской соли нужно сделать пятиконечную звезду, большую, потому что вы должны стоять в ее центре. На каждом конце поставить по черной свече, положить символ тетраграмматона (изображение можно распечатать), листья розмарина, лавровый лист, кожуру яблок и листья лаванды. Когда наступит 12:00, встаньте в центр, зажгите свечи и повторяйте: sanus ossa mea sunt: et labia circa dentes meos.

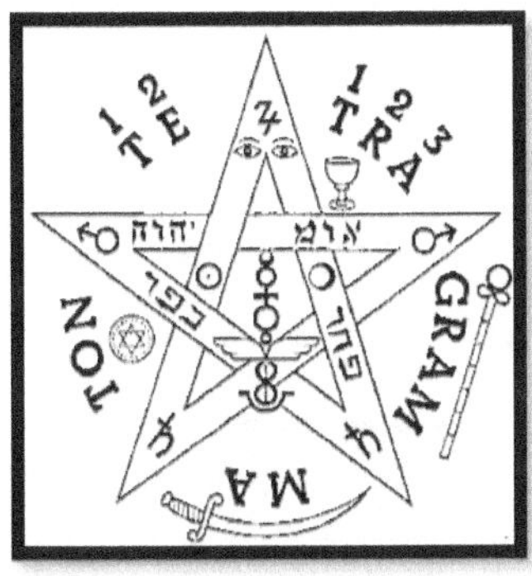

Символ Тетраграмматона

Зелье, помогающее забыть горести любви

Приготовьте чай с мелиссой в пятницу в фазу Венеры в новолуние. На пять часов поместите его на вершину Пенала № 1 Венеры. Затем выпейте три чашки: одну в пост, одну в середине утра и одну перед сном. Следуйте этому ритуалу в течение недели, и вы забудете все свои печали.

Римское заклинание для здоровья детей

Необходимо собрать по пять листьев розмарина, руты и лепестков белых роз и заварить их кипятком. После остывания поставьте препарат на три часа на вершину третьего пенала Меркурия. Добавьте сандаловое, розовое и лавандовое масляные эссенции. В течение пяти дней предлагайте эти ванны Ангелам-хранителям ребенка, зажигая фиолетовую свечу, чтобы трансформировать негатив в позитив, который предварительно освятите мандариновым маслом.

Третий спектакль Меркурия

Заклинание викингов для сохранения здоровья

Необходимые элементы:

- 1 белая свеча
- 1 свеча небесно-голубого цвета
- 1 красная свеча
- 1 новая швейная игла.

Руна викингов

Этот ритуал наиболее эффективен в фазе Полумесяца, предпочтительно в момент Юпитера.

Подпишите свое имя с помощью швейной иглы на свечах. Поставьте свечи в форме треугольника. В середину поместите руну викингов, но прежде напишите за ней имя и дату рождения человека. Сначала зажгите белую свечу и повторяйте вслух: "С помощью этой свечи я защищаю себя от болезней".

Затем зажгите синюю свечу: "Эта свеча приносит мне здоровье". Наконец, зажигаете красную свечу: Эта свеча увеличит мои жизненные силы". Когда свечи будут израсходованы, положите их остатки и руну в зеленый мешочек и закопайте.

Ритуал для предотвращения потери памяти.

В течение трех недель подряд при вставании и перед выполнением личной гигиены на запястья рук на одиннадцать минут необходимо положить половинку свежесрезанного лимона. После гигиены следует принять настой из мяты, имбиря и куркумы в количестве семи глотков. Этот ритуал следует начинать в фазу Полумесяца.

Ритуал для красоты кожи

Этот ритуал будет более эффективным, если проводить его в воскресенье в солнечное время. Необходимо отварить листья розмарина в красном вине. После закипания процедите эту смесь и оставьте ее на ночь под лунным светом. На следующий день до восьми утра следует умыть лицо этой жидкостью в виде компрессов.

Ритуальная ванна с горькими травами

Этот ритуал используется в тех случаях, когда человек околдован настолько сильно, что его жизнь находится под угрозой.

Необходимые элементы:
- 7 Листья мирта
- Гранатовый сок
- Козье молоко
- Морская соль
- Священная вода
-Хаск
- 8 Лопасти для разрушения стен

Необходимо налить козье молоко в большую емкость, добавить гранатовый сок, священную воду, растения, морскую соль и шелуху. Приготовленное оставить на три часа перед белой свечой, а затем набросить на голову. В таком виде следует спать, а на следующий день ополоснуться.

Ритуал для сохранения здоровья в течение года

Поместите три белые, три желтые и три красные розы в новую прозрачную стеклянную вазу. Добавьте шесть монет любого достоинства и порезанный на кусочки чили. Налейте священную воду и через семь дней поменяйте ее так же, как и уколы, монеты оставьте. Начинайте этот ритуал в первую пятницу каждого месяца и проводите его в течение трех недель. Цель - принести мир, здоровье и отогнать всевозможные болезни.

Греческое заклинание здоровья

Это заклинание наиболее эффективно в фазу Полнолуния. Вам понадобится белый кварц, священная вода, морская соль, емкость. Смешайте в емкости воду с достаточным количеством морской соли. Опустите кварц в емкость, затем возьмите его в руки, поднимите в сторону Луны и повторяйте" Salutem et felicitatem abundat detrahet me in domum meam Spiritus Sancti". После этого поместите камень на шею на целый месяц.

Ритуал здоровья в полумесяце

Необходимо отварить в сотейнике несколько лепестков белых роз, розмарина и руты. После остывания добавить розовую эссенцию и миндальное масло. Зажгите пять фиолетовых свечей в ванной комнате, которую предварительно освятите апельсиновым маслом и эвкалиптом. На свече нужно напечатать имя человека. Примите ванну с этой водой и, принимая ванну, визуализируйте, что болезни не будут приближаться к Вам и Вашей семье.

Ритуал для здоровья

На алюминиевую фольгу кладут морскую соль, 3 зубчика чеснока, 4 лавровых листа, 5 листьев руты, черный турмалин и бумажку с именем человека. Сверните ее и перевяжите фиолетовой лентой. Носите этот амулет с собой в кармане пиджака или в сумочке.

Ритуал для укрепления здоровья

Необходимые элементы:
- 1 красная свеча в форме пирамиды
- 7 семян кукурузы
- 1 лист красной бумаги
- 1 белая хрустальная тарелка
- 1 часть камфары
  - 5 листьев мяты
  - 7 листьев базилика
  - 1 Аметистовый кварц
  - 1 горшок с почвой

На тарелку нужно положить зерна кукурузы, справа зажечь красную свечу, которую оставить гореть на 15 минут и по истечении этого срока погасить. Когда Вы ляжете спать, поставьте эту тарелку под кровать на уровне головы. На следующий день, когда Вы встанете, заверните семена кукурузы, камфору, базилик, аметист и листья мяты в красную бумагу. Эту обертку и ее содержимое вы будете хранить пять дней, а по истечении этого срока закопаете все в горшке на территории вашего дома.

Ритуал для повышения фертильности

Необходимые элементы:
- 1 розовая свеча
- 1 синяя свеча
- 1 фиолетовая свеча
- Дубовые листья
- 7 лепестков красной розы
- 7 лепестков желтых роз
- 1 яйцо
- 1 Розовый кварц
- 1 Лазуритовый кварц
- 1 Перманентный маркер

На розовой свече напишите слово "девочка", на голубой - "мальчик", а на фиолетовой - свое имя, дату рождения и слова "Я - мама". Поставьте свечи в форме пирамиды, фиолетовая должна быть на вершине. Зажгите свечи, начиная с фиолетовой. Перманентным маркером напишите на яйце слово "procreates" и поместите его в центр треугольника из свечей. Слегка проведите руками по жару пламени свечи и поднесите их к животу, ощущая тепло и визуализируя свою беременность. Когда свечи догорят, соберите остатки и яйцо, которые закопайте во внутреннем дворике дома или в горшке, если у вас нет сада или дворика.

Перед тем как закрыть ямку, положите в нее дубовые листья, лепестки роз и кварц. Каждый вечер поливайте небольшим количеством священной воды, пока не наступит беременность.

Заклинание консолидации здоровья

Необходимые элементы:

1 стакан воды "Эклипс" 2 головки чеснока
- Мелкая морская соль
- Половина лимона
- 1 зеленая свеча
- 13 Листья Руты
- 13 листьев базилика

Откройте все окна и двери в доме и зажгите зеленую свечу. Нарежьте чеснок на мелкие кусочки и высыпьте их в стакан с водой затмения вместе с морской солью, 13 каплями лимона, листьями руты и базилика. Держа стакан в руках, повторите следующую просьбу: "Могущественная белая магия, я призываю и призываю тебя защитить меня от болезней. Дай мне энергию и свет для поддержания хорошего здоровья". Опустите пальцы в стакан с водой и проведите водой по лбу, груди и запястьям рук. Той, что над головой, умойте лицо, а затем бросьте ее на землю.

Ритуал для продления лет жизни

Приготовьте настой из вечнозеленого растения. Оставьте его на пять часов на вершине солнечного пенала № 1. Перед употреблением повторите следующее заклинание: Boli și tremurături, dureri, fă-ți treaba astaVoi trăi mereu".

Спектакль №1 Солнца.

Заклинание для остановки наркотиков а

Необходимые элементы:
- Немного кладбищенской земли
- Немного препарата, который вы используете
-Уксус

- 2 ваши фотографии
- Обрезки ногтей или немного волос
- 1 черная свеча
- 1 белая свеча
- 1 черная ткань
- Черная нить.
- 2 фотографии, на которых вы находитесь в одиночестве, одна из которых вам совсем не нравится, как вы выглядите, а другая фотография вам очень нравится.

Под фотографией, которая вам не нравится, вы пишете черными чернилами: "Жизнь, которую я не хочу", а на фотографии, которая вам нравится, напишите: "Лучшая жизнь для меня". Вы берете черную свечу, освящаете ее розмариновым маслом, подписываете свое имя и слова "все кончено".

На белой свече подпишите свое имя и слова "Я свободен". Вы ставите черную свечу на фотографию, которая Вам не нравится, а белую - на другую фотографию и зажигаете их. При этом образуется полный и замкнутый круг вокруг свечей. Когда свечи будут израсходованы, смешайте остатки воска, которые остались с землей.

Разломайте не понравившуюся фотографию на кусочки и добавьте их в эту смесь, добавьте к ней обрезки ногтей или часть волос и добавьте уксус до образования теста. Сделайте из всего этого шар, оберните его черной тканью и завяжите черной ниткой. Закопайте его на кладбище и уходите, не оглядываясь. Понравившуюся фотографию оставить с зажженной белой свечой на 7 дней.

Заклинание для лечения тяжелобольных

В металлический контейнер следует поместить диагноз врача и актуальную фотографию человека. По бокам поставить две зеленые свечи и зажечь их. Содержимое контейнера сожгите, а во время горения добавьте волосы человека. Когда останется только пепел, поместите его в зеленый конверт, и пациент должен спать с этим конвертом под подушкой в течение 17 дней.

Нигерийское заклинание против болезней

Необходимые элементы:
- Священная вода
- 3 лимона
- 1 зеркало с черной рамкой
- 1 черная свеча
- 1 стакан
- Спички

Налейте воду в чашку и выжмите три лимона. Встаньте перед зеркалом и зажгите свечу. Трижды умойте лицо содержимым чашки, а затем ополосните холодной водой. Налейте немного свечного воска на зеркало и подождите, пока он высохнет, сотрите воск с зеркала, а остатки положите под подушку.

Заклинание, помогающее избавиться от зависимости

Необходимые элементы:
- 3 авокадо
- 1 зеленый пакетик
- 1 лист зеленой бумаги
- 1 карандаш, пишущий зеленым цветом.

Извлеките семена из авокадо и подвергните их пятидневной выдержке на открытом воздухе. Подпишите на бумаге свое имя, фамилию и дату рождения, а также порок, который у вас есть. По истечении пяти дней положите семена авокадо вместе с бумагой в зеленый пакет. Положите его под кровать на уровне солнечного сплетения. По истечении месяца бросьте его в реку или в море.

Что такое Антакарана?

Антакарана - чрезвычайно мощный и древний целительный символ, который сохранился на протяжении многих лет (считается, что ему более 100 тыс. лет) благодаря индийской и тибетской культуре. Этот священный символ тысячелетиями хранился в тайне, его знали и использовали очень немногие. Теперь настало время, когда он стал доступен всем.

Это очень мощный символ, и простое нахождение его рядом с вами оказывает положительное воздействие на ваши чакры и ауру. При использовании в целительской терапии он усиливает и концентрирует направляемую энергию, а также ускоряет процесс.

Некоторые специалисты по Рейки используют этот символ с отличными результатами. При его использовании в медитациях автоматически возникает то, что даосы называют "великой микрокосмической орбитой", то есть энергия, которая обычно поступает в организм через коронную чакру, проходит через чакры ног и движется вверх по спине к голове, затем вниз по передней части тела к ногам. Таким образом, создается непрерывный поток энергии во всех чакрах. Она также нейтрализует энергию, накопленную в предметах, таких как ювелирные изделия или кварц, просто поместив предмет между двумя символами.

Этот символ многомерен. С одной стороны, он двухмерен, но на самом деле состоит из трех семерок на плоской поверхности. Три семерки представляют собой семь чакр, семь цветов и семь тонов музыкальной шкалы.

Антакарана была создана советом Высших мастеров, которым было поручено следить за развитием галактики. Видя необходимость восстановления связи людей с Высшим "Я", мастера создали этот символ и пропитали его указом любви. Именно Высшее "Я" создает и направляет пользу, получаемую от использования символа, и поэтому его невозможно использовать в негативных целях.

Виды Антакарана и их использование.

Существует два различных типа Антакарана - женская и мужская, и обе они рисуются двумя разными способами.

Мужская Антакарана обладает более мощной и прямой энергией и используется для медитации, для всего, что связано со снами, а также для создания мандал с кварцем.

Женский Антакарана обладает гораздо более тонкой и гармоничной энергией и больше используется для терапии Рейки или для работы, в которой мы хотим укрепить нашу энергетику или ауру. Этот символ обладает очень большой энергетической силой, поскольку, просто находясь в Его присутствии, он оказывает положительное воздействие на чакры и ауру, совершает исцеление, концентрирует и углубляет все целительные энергии, применяемые в Его присутствии.

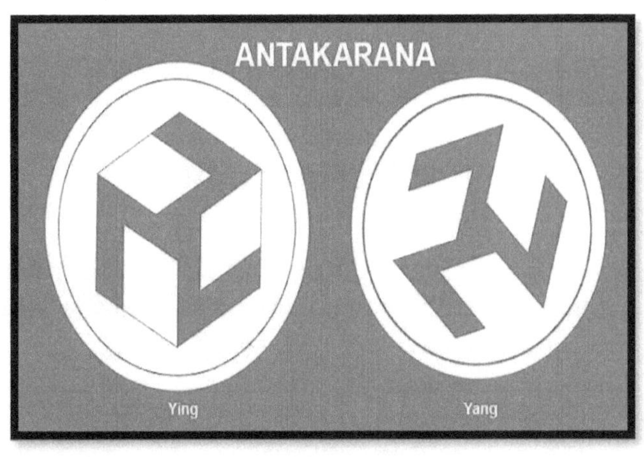

Где разместить Антакарана?

Это символ защиты, который можно использовать и размещать во всех тех местах, где вы хотите, чтобы он начал действовать. Под матрасом вашей кровати, чтобы помочь вам заснуть, так как он будет работать как энергетический очиститель, лишая вас всего, что у вас осталось и парализует вас.

На рабочем месте, так как это поможет усилить концентрацию внимания и энергетически очистить пространство. Под носилками или кроватью больного в больнице. Гармони затор ауры, просто держа его на видном месте. Для очистки кварца, просто положив их сверху, вы очистите свои камни на всю глубину. Заряжайте пищу и воду, просто положив их на символ, он действует как детоксикатор. При головной боли или мигрени положите голову на символ.

В частности, если вы используете зеленый, то это дает лучшие результаты для здоровья.

Магия знаков

Это одна из самых эффективных и экономичных дисциплин магии. Их можно выполнять без сложных ритуалов. Благодаря своей простоте они легко осваиваются. Силился — это символ, используемый в магии. Обычно под этим термином понимается разновидность графической подписи. Слово S Сигилы означает "знак" или "печать".

Как сделать Сигилы
Необходимо:
- Письмо
- Карандаш
- Определите свою цель для Сигилы

Первым шагом будет принятие решения о намерении ваших Сигил. Это самый важный шаг. Ваше намерение должно быть предельно ясным. Вы трансформируете это намерение в предложение. Предложение должно быть коротким и написанным в настоящем времени, то есть думайте так, как будто у вас уже есть то, что вы хотите.

Например: "Я нашел любовь всей своей жизни" вместо "У меня будет любовь всей моей жизни".

Написание может быть эффективным. -У меня есть мужчина моей мечты- даст другие результаты, чем -Я жена Хуана Карлоса. Ни один из вариантов не лучше и не хуже другого, но обязательно дословно напишите, что вы хотите получить с помощью этой фразы.

Избегайте негативных слов типа "у меня нет", "у меня не будет", "у меня не будет" и т. д.

-Если вы скажете: "Я не курю", это может легко привести к результату: "Курите". Чтобы избежать этого, всегда мыслите позитивно. Чтобы определить это позитивно, можно написать: -Я легко расстаюсь со своими пороками-.

Пример:

В качестве примера мы используем фразу -I FOUND THE LOVE OF MY LIFE-.

Напишите свое желание заглавными буквами. Вы удаляете повторяющиеся буквы, чтобы каждая буква встречалась только один раз. (Этот символ можно использовать в любое время, когда вам грустно из-за того, что любовь не приходит в вашу жизнь).

Эти буквы будут являться основными символами ваших Сигилов.

~~Э Н Е Р Г Е Т И Ч Е С К И~~ Й П Р ~~О Ц Е С С~~

ENCOTRLAMDIV- Сигилы будут прослеживаться с помощью этих букв.

Теперь начните соединять буквы. Сначала это выглядит странно и не похоже на символ, продолжайте двигать буквы. Эта часть требует терпения, главное -

много играть с ними. Если вам не нравится, как выглядит та или иная буква, вы можете разбить ее на части. Например, буква B превратится в линию и два полукруга, которые можно использовать в дизайне по отдельности.

Самое главное - не то, как это выглядит, а то, что вам это нравится. Неважно, выглядит ли это как просто куча букв или они не похожи на оригинальные. Если вы довольны результатом, то это прекрасно.

После того как все буквы упорядочены, не спешите их стилизовать и придавать им симметрию. Главное, чтобы в итоге Сигилс получился как можно более простым. Художественное качество неважно, но по понятным причинам не стоит рисовать бессмысленно. Результат должен быть прорисован на листе бумаги. Идея заключается в том, что Сигилы и их смысл будут пересажены в ваше подсознание, а затем вы их забудете, чтобы ваше сознание не блокировало процесс активации бессознательного.

Сигилы должны быть созданы вами. Сигилы, которые мы создаем, могут показаться несколько странными, но все они особенно полезны, так как подсознание будет воспринимать их как нечто необычное и таким образом анализировать их попеременно с обычным образом. Важно, что все буквы находятся внутри сигилов. Помните, что одна и та же линия может быть использована для рисования разных букв. Время, необходимое для проявления Сигил, непредсказуемо. Иногда успех приходит сразу, а иногда может потребоваться больше времени.

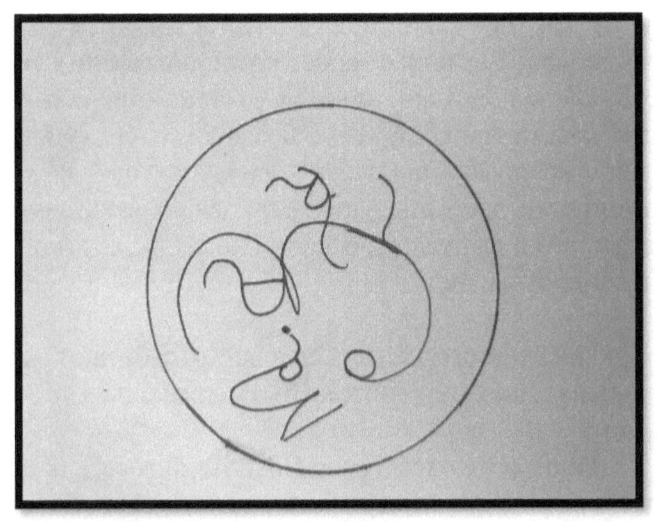

Пример Сигил "Я нашел Любовь всей своей жизни".

Активируйте свои Сигилы.

Когда вы рисуете Сигилы, вы должны активировать их. Это необходимо делать с Сигилами каждый раз, когда вы рисуете их снова, даже если это один и тот же символ с одним и тем же намерением.

Метод активации прост, хотя и требует практики. Созерцайте свои Сигилы, дайте глазам привыкнуть к символу и медитируйте на фразе Сигилов. По мере того, как ваши глаза будут расслабляться, они начнут искривлять Сигилы, вы будете видеть их как бы обезображенными.

Когда Вы снова увидите его в первоначальном виде и он не сдвинется с места, он уже будет активирован. Вы также можете поместить его в такое место, как ваш алтарь, вместе с кварцем процветания, таким как цитрин, пирит или малахит. (Есть много людей, которые привыкли заряжать их другими источниками энергии, например, закапывать символ, сжигать его и выпускать осколки по ветру, с помощью сексуальной магии и т. д.).

После того как Сигилы отработают свое предназначение, они должны быть сожжены.

Иногда я сжигаю свои Сигилы до того, как заказ будет завершен, с намерением послать свои желания во Вселенную. Я представляю, как в процессе горения бумаги вся энергия Сигилов реализуется в моей жизни, представляю результаты и вижу, как мой символ освобождается, чтобы действовать в бесконечности.

Амулеты и талисманы

Обычно люди не знают, как отличить талисманы от амулетов, но между ними есть принципиальная разница. Существуют амулеты для привлечения удачи и талисманы для блокировки плохих энергий.

Амулет - это предмет, которому приписывается определенная сила для избавления от плохих энергий, привлечения любви, здоровья или удачи. Вполне вероятно, что то, что служит амулетом для одного человека, может не выполнять ту же функцию для другого. Он работает только для тех, кто в него верит. Амулет может быть приготовлен как самостоятельно, так и с помощью кого-то другого.

Талисман обладает исключительной энергетической силой. Он связан с архетипами и коллективным подсознанием Вселенной. В нем также может быть сосредоточена духовная, алхимическая, астрологическая или планетарная энергия. Его не нужно никому готовить, поскольку он уже существует. Его скрытая сила гарантирована, так как используется уже тысячелетиями.

Талисманы и амулеты всегда присутствовали в оккультизме и магии. На протяжении тысячелетий все культуры мира использовали и популяризировали их. Их происхождение восходит к временам пещер, где можно увидеть символы, предназначенные для направления положительных энергий. Все культуры разработали свою собственную символику, и она преодолела границы времени.

Талисман — это предмет, освященный с помощью символов и ритуала. Он готовится с определенной целью, для привлечения положительных энергий или достижения определенной цели. Амулет не отличается от него, но он также используется для защиты от проклятий, болезней или колдовства.

Освящение амулета или талисмана

Особенно важно освятить амулет или талисман, чтобы он заработал. Они должны быть заряжены пятью стихиями - огнем, землей, воздухом, водой и эфиром (духом).

- **Огонь**: необходимо провести талисманом или амулетом над пламенем свечи, если она имеет пирамидальную форму, то это гораздо мощнее. Держа его в течение нескольких минут над этим огнем, нужно громко повторять: "Ego facio in elementis ignis Sicut salamandrae draconem elemental active viribus curandi potestas et igni".

- **Земля**: Вы должны закопать амулет или талисман не менее чем на 12 часов в землю или морскую соль. Во время закапывания необходимо повторять вслух: "Im 'particularum vires terræ loading, per virtutem enim huius terrae magicae gnomes phylacterium fortior sit".

- **Воздух**: Вы должны передать своему талисману или амулету дым пало-санто или шалфея. Во время изготовления этого благовония вы должны повторять вслух: "Im 'charring caeli elementaribus aquis, silfos sapis atque purissimum elementaris Deneme equitibus".

- **Вода**: Вы должны поместить свой талисман или амулет в сосуд со священной водой, дождем или морем, если материал позволяет это сделать. Если нет, то положите контейнер сверху или рядом с ним и оставьте его в таком виде на 24 часа. Во время размещения повторяйте вслух: "Adiuro vos per virtutem aquaeelementaris materia s doque Tellurem cogitationes hominum sensusque malo colligit. humilitatem meam super Devas mandat".

- **Эфир**: нужно взять в руки талисман или амулет и, закрыв глаза, громко повторять: "Ego ferre elementum phasmatis industria, Et impletum est omne desiderium meum numina mala bullas signati".

Таким образом, вы освятили свой амулет или талисман.

Очистка амулетов и талисманов

Ваши амулеты и талисманы со временем загрязняются и накапливают негативные энергии. Загрязняют их и ваши настроения. Поэтому рекомендуется очищать и заряжать их.

Существует несколько методов, и все они просты:

Аметист: Талисман или амулет необходимо поместить на деревянную шкатулку с аметистом или внутрь нее - он будет собирать все негативные энергии, которыми пропитан.

Солнечный свет: Оставьте их на 24 часа под солнечными лучами. Солнечные лучи действуют как волшебный ластик.

Лунный свет: Амулет или талисман следует помещать под свет полной луны, если есть возможность закопать их, то это гораздо лучше.

Дым: Передайте своему амулету или талисману дым пало-санто или шалфея.

Морская соль: поместите амулет или талисман в контейнер и засыпьте его морской солью не менее чем на двенадцать часов.

Амулеты здоровья для каждого знака Зодиака

В древности все талисманы были связаны с двенадцатью знаками Зодиака или с семью известными планетами.

Овен: Первый спектакль Марса

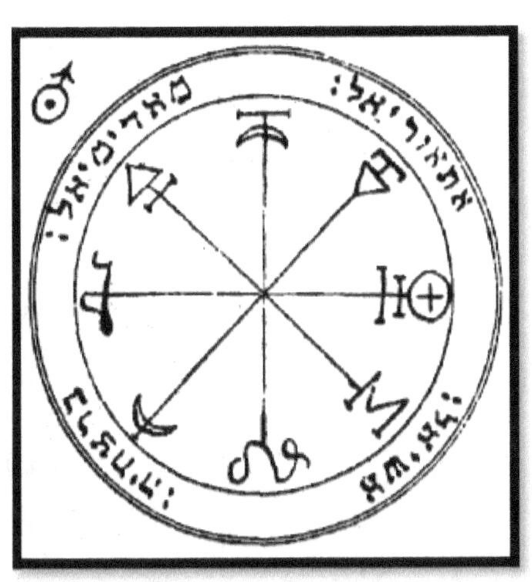

Телец: второй спектакль Венеры

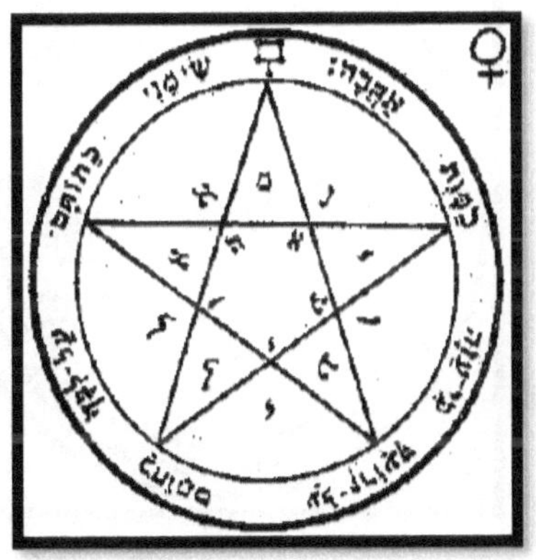

Рак: Четвертый пентакль Луны

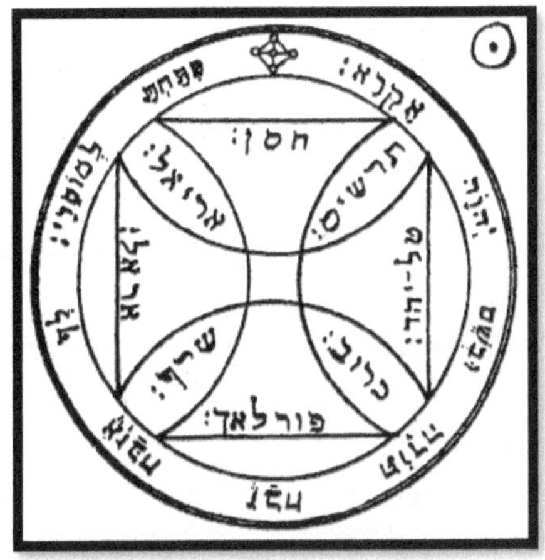

Дева: второй спектакль Меркурия

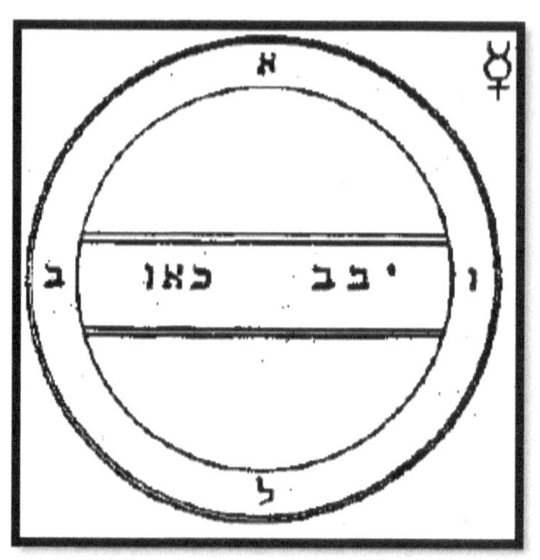

Весы: Четвертый спектакль Венеры

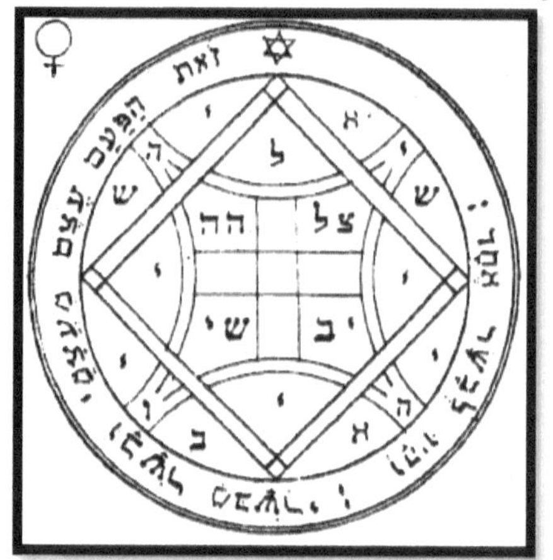

Скорпион: Пятый спектакль Марса

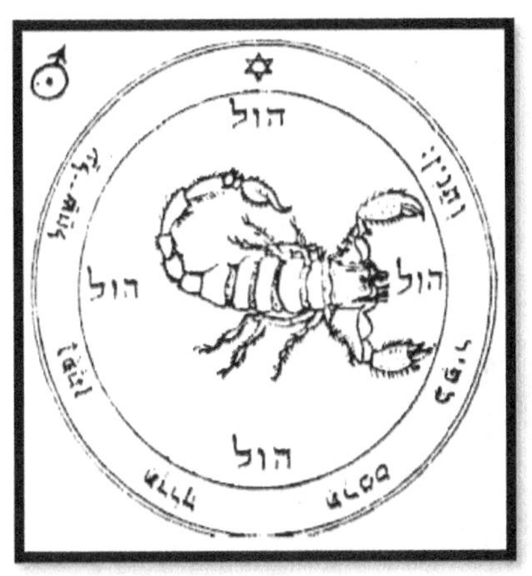

Стрелец: Четвертый спектакль Юпитера

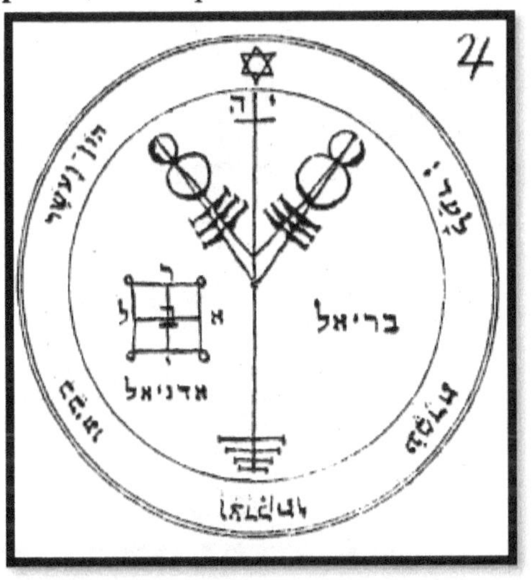

Козерог: Третий спектакль Сатурна

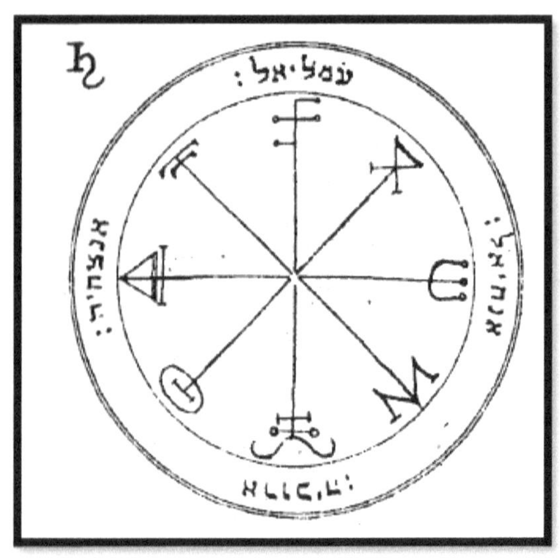

Водолей: Седьмой спектакль Сатурна

Рыбы: Второй спектакль Юпитера

144

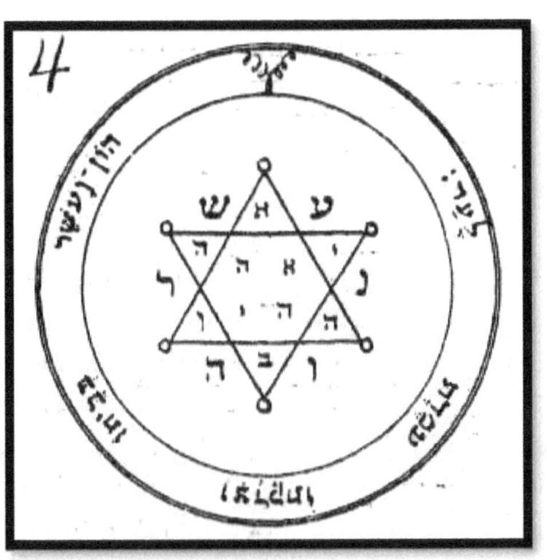

Фэн-шуй и здоровье.

Согласно учению китайских специалистов, применявших эту технику и знавших все ее секреты, дом — это место, которое должно быть энергетически сбалансировано, чтобы его обитатели имели крепкое здоровье, внутренний мир, счастье и процветание.

Все это достигается, когда мы живем в доме или работаем в месте, характеристики которого соответствуют принципам, предлагаемым этим тысячелетним искусством. Дословный перевод термина "фэн-шуй" - ветер-вода, но он означает нечто большее. Китайцы говорят, что это искусство подобно ветру, который невозможно понять, и подобно воде, которую невозможно удержать.

Фэн-шуй предлагает множество методов лечения, позволяющих смягчить и изменить неблагоприятные аспекты, которые могут повлиять на вашу жизнь. Здоровье - одна из тех сфер, которые можно улучшить с помощью некоторых средств Фэн-Шуй.

Адрес для здорового сна

Один из способов обеспечить защиту своего здоровья - воспользоваться направлением удачи и использовать его для принятия решения о том, где спать. Каждое направление компаса или кардинальная точка имеет определенный идеал удачи. Для определения направления удачи в личном здоровье можно использовать формулу куа восьми особняков. Для этого необходимо знать свое личное число куа. Это число покажет адреса удачи и невезения. Для расчета этого числа мы воспользуемся формулой куа, и она покажет, какой группе вы соответствуете.

Как добавить свой номер Kua

Число Куа играет важную роль в фэн-шуй для определения благоприятных и негативных направлений. Формула, называемая "Формула Куа восьми особняков", проста в применении. Она состоит из двух этапов: первый - по двум последним цифрам года рождения, второй - по полу. Таким образом, для расчета числа куа любого человека по Фэн-Шуй вам потребуется следующая информация: Год рождения и пол.

Шаг 1: Добавьте две последние цифры года рождения.
Пример:
1965 = 6 + 5 = 11 (1+1 = 2)
Некоторые даты могут давать двузначный ответ. В этом случае просто сложите их, пока не останется только одна цифра.

Шаг 2: добавить или вычесть в зависимости от пола.
На этом этапе к результату **шага 1** прибавляются или вычитаются числа в зависимости от

вашего пола. Эти числа зависят от того, родились ли вы до или после 2000 года.

Расчет числа Куа для женщин, родившихся до 2000 года.

Если вы **женщина, родившаяся до 2000 года**, то к однозначному результату нужно **прибавить 5**. Таким образом, вы получите свой номер Kua.

Пример с 1965 годом рождения женщины, добавив 2 на шаге 1, на втором шаге будет выглядеть следующим образом:

2 + 5 = 7 **Число Куа**

(Для получения двузначных результатов необходимо сложить их еще раз, чтобы получить соответствующее число).

Калькулятор числа Куа для женщин, родившихся после 2000 года

Если вы **женщина, родившаяся после 2000 года**, то к вашему годовому результату **прибавляется 6.**

В примере с женщиной 2003 года рождения, при сложении с 3, результат первого шага будет:

3 + 6 = 9 **Число Куа**

(Помните, что если результат состоит из двух цифр, то для получения однозначного числа их нужно сложить).

Калькулятор числа Куа для мужчин, родившихся до 2000 года

Если вы **родились до 2000 года**, то из **10 нужно вычесть** однозначный результат года. Это даст вам ваше число Куа.

Пример добавления к 1 года рождения мужчины 1991 года будет выглядеть следующим образом:

10 - 1= 9 **Число Куа**

Для человека, родившегося в 1995 году и сократившегося до 5 лет, это выглядит следующим образом:

10 - 5 = 5 **Число Куа**

Калькулятор числа Куа для мужчин 2000 года рождения и старше

Если вы **родились после 2000 года**, то результат года нужно **вычесть** из однозначных цифр до **9**. В результате вы получите свой номер Куа.

Пример: Если вы родились в 2001 году, то ваш однозначный результат равен 1:

9 - 1 = 8 (число Куа)

Рассчитав свое число Куа, легко определить оптимальные направления для всех сфер жизни, любви, здоровья, процветания и т. д. Четыре из восьми мань (восьми компасных чувств) будут благоприятными направлениями, а четыре - неблагоприятными.

Восточная или Западная группа для удачи в здоровье

Если вы хотите определить наилучшее направление для сна и улучшения здоровья, то, зная это направление, следует ложиться в постель так, чтобы голова была направлена в эту сторону. Например, если направление вашего здоровья - юг, то спать следует головой на юг, а ногами на север. Возможны случаи, когда Вы не можете переставить свою кровать для сна в этом направлении. В этом случае можно расположиться в постели так, чтобы голова была направлена в эту сторону, для этого, возможно, придется спать головой к изножью кровати.

Группа компаний "Восток

Номера куа группы "Восток" и их установленные адреса здоровья:

1: Восток

3: Север

4: Юг

9: Юго-Восток

West Group

Номера куа группы "Запад" и их адреса здоровья:

5: Мужчины: Запад

5: Женщины: Северо-Запад

2: Запад

6: Северо-Восток

7: Юго-Запад

8: Северо-Запад

Если у вас есть проблемы со здоровьем, то помимо сна с головой, направленной в эту сторону, вы также можете сидеть напротив направления здоровья всякий раз, когда отдыхаете или смотрите телевизор, принимаете пищу или работаете.

Следует также учитывать следующие аспекты:

Никогда не спите с зеркалом перед кроватью. Зеркало в комнате - одна из самых вредных особенностей фэн-шуй, поскольку оно создает проблемы с сердцем. Не менее вредны зеркала над кроватью.

Телевизор считается зеркалом, поскольку он также отражает. Если вы хотите иметь в комнате телевизор или зеркало, закрывайте их, когда не пользуетесь ими.

Никогда не спите с фонтаном за кроватью. Картина с изображением озера или аквариума оказывает на сердце такое же воздействие, как и зеркало.

Никогда не спите с острием угла, направленным в вашу сторону. Заостренный край угла — это смертельно опасная ядовитая стрела, несущая "дыхание, которое убивает". Используйте мебель, чтобы замаскировать острый край.

Никогда не спите под открытой балкой над головой. Если балка находится прямо над головой, у вас могут возникнуть мигрени и головные боли. Если она переходит на уровень груди, у Вас могут возникнуть проблемы с сердцем, легкими и дыханием. Балки нежелательны в любом помещении.

Приготовление пищи также имеет большое значение в практике фэн-шуй для здоровья. Если, например, кухня находится напротив комнаты, то энергии инь дома (комнаты) и ян (кухни) могут вступить в конфликт и привести к постоянным заболеваниям членов семьи. Дверь в кухню не должна располагаться по прямой линии от входной или задней двери, тогда энергия добра, не рассеиваясь, проносится по дому, вызывая досадные заболевания. Устройте такое распределение, повесив на одну из наружных дверей зеркало, чтобы положительная энергия не выходила так быстро.

Сакральные коды исцеления

Мастер Хосе Габриэль Урибе Авеста, через которого несколько Существ Света и Космических Существ передают коды для бесплатного распространения и помощи человечеству.

Чтобы активировать коды, их необходимо повторить 45 раз, поскольку это число проявления. Использовать их нужно с сознанием, верой и сердцем.

Их можно произносить как одно значение (например: 11145 - одиннадцать тысяч сто сорок пять), так и по одному (один, один, один, четыре, пять); или два по два, для этого нет правил. Их можно повторять несколько раз в день, здесь также нет никаких правил. Священные коды исцеления и количество дней, в течение которых они должны выполняться, зависят от потребности, с которой они работают, пока не проявится то, о чем мы просим. Существуют и другие священные коды, например коды связи с Землей или с Ангелами, которые можно делать всегда. Все коды можно делать в любое время и в любом месте.

Коды здоровья

128 Выздоровление (ускорение процессов на всех уровнях).

33351 Исцеления (восстановление и защита. Код Вознесенного Мастера Кван Инь, в случае повреждения).

110834 Лечение на расстоянии.

111500 Исцеление

83 73 879 Ревматические заболевания.

13 14 335 Аллергия в целом.

25 49 563 Деменция Альцгеймера (может использоваться совместно с 29 56 932).

87 68 433 Облегчение зуда.

11 11 171 Анемия и за здоровую кровь.

33 49 586 Тревога, связанная с разлукой матери и ребенка.

26 51 329 Артрит - дегенеративное заболевание суставов (DAD).

34 41 323 Артрит и остеоартроз.

89 87 438 Грыжа межпозвоночного диска.

20 06 391 Псориатический артрит.

21 22 413 Астма.

42 58 725 Приступы страха.

72 84 555 Панические атаки.

66 82 121 Приступы ярости.

11 47 382 Клеточная карцинома Мергеля.

33 59 674 Гипертрофические кардиомиопатии.

77 78 177 Катаракта глаза.

44 56 789 Заживление открытых ран.

33 78 133 Рубцы при тяжелых повреждениях брюшной полости.

22 35 297 Цирроз печени.

25 26 332 Интерстициальный цистит.

44 37 224 Конъюнктивит.

25 35 896 Запор, носящий хронический характер.

45 55 899 Запор.

86 42 789 Дети с нарушениями поведения.

44 57 678 Купирование открытых переломов при невозможности хирургического вмешательства.

25 39 963 Рак толстой кишки.

72 48 496 Рак печени, являющийся первичным - Гепатоцеллюлярная карцинома.

79 37 854 Рак молочной железы.

56 93 787 Метастатический рак яичников.

25 38 576 Рак яичников.

64 47 196 Рак поджелудочной железы.

92 96 144 Рак шейки матки.

78 22 938 Рак почки.

25 36 983 Рак прямой кишки.

29 35 531 Рак матки - эндометрия.

33 45 634 Повреждение клеток любого вида.

29 56 932 Деменция.

29 63 586 Депрессия у детей и взрослых.

87 65 423 Респираторная неосознанность.

44 34 131 Диабет и инсулиновый баланс.

87 45 675 Очень сильная диарея.

45 45 899 Диарея.

29 58 321 Врожденная дисплазия тазобедренного сустава.

27 38 963 Хроническая обструктивная болезнь легких (ХОБЛ).

31 27 459 Высотная болезнь.

31 27 459 Высотная болезнь.

25 36 397 Алкогольная болезнь и злоупотребление ею.

20 53 961 Интерстициальная болезнь легких.

84 93 456 хроническая болезнь почек.

93 65 897 Поликистозная болезнь почек.

23 31 443 Хронические боли в целом.

35 41 553 Зубная боль.

13 45 899 Боль в животе.

71 81 533 Боль в спине в целом.

25 36 897 Боль в месте операции.

23 74 555 Головные боли в целом.

88 45 363 Боли в мышцах, особенно после физической нагрузки.

81 741 Экзема в целом.

83 41 783 Болезнь путешественников.

78 43 149 Вывихи.

78 43 149 Сфинктеры.

58 33 554 Головные боли.

95 96 562 Мигрень.

86 66 431 Флюктуация.

77 78 176 Глаукома - повышенное давление внутри глаза.

95 66 331 Гранулематозная Вагнера.

78 83 434 Геморрой.

22 35 966 Гепатит С.

87 47 988 Гепатит вирусного происхождения и другие причины.

25 37 353 Доброкачественные гипертрофии предстательной железы.

38 37 684 Отек.

98 88 119 Инфаркты миокарда, как первая линия лечения по пути в больницу.

35 47 375 Инфекция мочевыводящих путей (ИМП)

23 42 197 Грибковые инфекции.

87 33 478 Воспаление мочевого пузыря

56 23 899 Воспаление среднего уха.

88 81 643 Воспаление легких.

43 14 223 Общее воспаление.

33 14 993 Тепловой удар.

42 37 346 Раздражение глаз, особенно связанное с головной болью.

88 21 233 Герпес вирусные поражения.

40 69 997 Лимфома.

71 91 334 Люмбаго.

29 37 853 Улучшенные представления.

25 37 536 Болезненные воспоминания о прошлом, как сознательные, так и подсознательные (ПТСР).

51 61 987 Множественная миелома.

99 65 491 Плохое зрение и слепота по любой причине.

83 33 889 Тошнота.

86 47 891 Плохо зажившие кости.

45 39 373 Панкреатит и его последствия.

45 88 623 Для концентрации.

45 32 246 Для доверия.

35 42 888 Для силы воли.

11 84 744 Для регулирования артериального давления он будет использоваться как при повышенном, так и при пониженном давлении.

86 866 Для регуляции работы щитовидной железы.

20 02 936 Для тех, кто находится на почечной терапии.

25 56 551 Для уменьшения последствий обструктивного апноэ сна.

42 53 899 Для баланса раздраженного кишечника.

25 59 963 При интегральных свищах кишечника, мочевого пузыря, влагалища, прямой кишки, других отделов кишечника и кожи.

76 42 688 Для усиления функции почек.

18 19 811 Для оказания первой помощи при тепловом ударе.

35 87 225 При потере аппетита.

31 22 778 Похудеть.

25 33 577 К тому времени, когда вы ударили себя, легкая травма.

33 37 899 Для уничтожения паразитов, глистов.

25 67 993 Имеют более позитивный взгляд.

22 55 732 Для груди.

11 32 899 При симптомах, сопровождающих менструацию, отеках, болях.

11 12 121 За хорошее рождение.

68 43 833 Камни в почках.

76 33 121 Проблемные мысли.

22 33 311 Укусы насекомых.

63 34 831 Пиелит, воспаление почечной лоханки.

25 37 661 Для MRSA (метициллин-резистентный золотистый стафилококк).

78 89 535 Первая помощь при инсульте на пути к лечению в стационаре.

87 47 838 Проблемы с седалищным нервом.

88 33 421 Проблемы со слухом и глухота.

78 78 833 Пролапс межпозвоночных дисков.

31 31 798 Пременопауза, пери менопауза, менопауза и проблемы.

33 14 871 Псориаз.

19 19 311 Ожоги, включая солнечные ожоги.

54 32 175 Восстановление после инсульта.

38 89 332 Снижение температуры.

27 55 362 Желудочные рефлюксы.

44 70 831 Укрепление духа, придание жизненных сил.

38 41 41 Удаление бородавок.

25 39 579 биполярные расстройства, мании.

25 36 933 Генерализованное тревожное расстройство (ГТР).

78 19 335 Расстройства пищевого поведения.

23 31 878 Ветряная оспа.

84 72 723 Вице (табак).

84 72 723 Пороки.

88 21 233 Вирус герпеса.

25 33 698 Жертвы домашнего насилия.

34 56 879 Buzz.

44 34 135 Диабетическая язва / Инфекция стопы.

Площадь Сатира

Амулет против невезения, способный защитить от всякого зла и помочь здоровью.

Амулет от всякого зла — это, конечно, то, о чем мечтают. Пусть он защищает наш дом, нашу семью, пусть отводит проклятия, пусть спасает от зависти и зла.

Давайте посмотрим, как с помощью несложного ритуала можно превратить квадрат Сатира в амулет против зла, дарующий нам защиту и крепкое здоровье.

Необходимые элементы:
- 1 чистый лист бумаги.
- 1 ручка с красными чернилами
- Эфирное масло розмарина

Начертите свой священный круг, просто очертив указательным пальцем или волшебной палочкой полный круг вокруг себя по часовой стрелке, чтобы начать ритуал в защищенной обстановке.

На листе бумаги напишите следующие слова в таком порядке:
SATOR
AREPO
TENET
ОПЕРА
BROKEN

При желании можно помочь себе, сделав квадрат, но это не обязательно. После того как вы написали слова, смажьте контур бумаги эфирным маслом розмарина. Когда закончите, замкните или разорвите круг, на этот раз очертив пальцем или волшебной палочкой полный круг против часовой стрелки вокруг себя. Повесьте квадрат SATOR над входной дверью, как амулет против зла и на удачу. Если вы хотите получить дополнительную защиту, сделайте несколько таких квадратов и повесьте их над каждой дверью и окном в вашем доме. Это очень простое занятие, имеющее давнюю магическую традицию защиты и удачи. Если вы ищете амулет против негативных явлений, плохого здоровья и который обеспечит вам удачу, квадрат Сатира может стать тем решением, которое вы искали.

Ритуал активации петиции с помощью квадрата Сатира

Этот ритуал может быть проведен для ускорения любого нашего желания как в области здоровья, так и в области экономики или любви.

Необходимые элементы:
- Магический квадрат SATOR
- 3 Чеснок с кожурой
- 1 стакан воды

Как всегда при магической практике, необходимо создать вокруг себя круг защиты или матрицу и не забыть замкнуть его по окончании ритуала.

Переверните **SATOR SQUARE AROUND**, подпишите свое имя и конкретную просьбу, которую вы хотите ускорить, если она заключается в том, чтобы быть в добром здравии (также поставьте имя человека). Затем переверните картинку и поставьте сверху стакан с водой. Положите 3 чеснока на левую руку, которая наиболее восприимчива, а на нее - правую, и произнесите свою любимую молитву или наиболее значимую для Вас, можно также зарядить их символами Рейки, этим мы заряжаем чеснок на ускорение просьбы, после чего поместите их в стакан с водой.

Если чеснок плавает, то это хороший признак того, что чеснок здоров, если часть или весь чеснок тонет, то это означает, что чеснок плохой и его нужно заменить другим.

Обхватите стакан руками и произнесите следующее:

СЕЯТЕЛЬ ЛОВКО ДЕРЖИТ КОЛЕСА, СЕЯТЕЛЬ ОСТОРОЖНО БЕРЕТ ПЛУГ, СЕЯТЕЛЬ ЛОВКО УПРАВЛЯЕТ КОЛЕСОМ.

Спасибо вам, духовные наставники, которые поддерживают меня.

В стакане с чесноком вы даете ему отдохнуть, идея в том, что вы наблюдаете за временем, которое требуется для прорастания, это скажет вам о времени, через которое ваша просьба начнет действовать, они должны прорасти втрое. Если это произойдет через 3 дня, то это знак того, что ваша просьба будет выполнена очень быстро; если же пройдет неделя, а чеснок не прорастет, то это знак того, что с вашей просьбой что-то не так, и нужно повторить процесс снова с новым чесноком. В этом случае выбросьте воду и чеснок и повторите заклинание. После прорастания чеснока его следует пересадить в горшок с плодородной почвой. Этот ритуал очень рекомендуется проводить, когда вы находитесь в бедственном положении и вам нужно как-то открыть пути.

Коробка здоровья

Вы можете легко сделать шкатулку для хранения просьб, обращений и пожеланий. Эта техника позволяет иметь шкатулку, в которую можно положить фотографии, просьбы, написанные на бумаге, кристаллы кварца, данные людей (ФИО, адреса, даты рождения и т. д.), которым вы хотите давать Рейки для их исцеления, здоровья, благополучия, постоянно и устойчиво и автономно.

Материалы:

- Коробка среднего размера (размер не имеет значения, но он будет ограничивать то, что можно поместить внутрь). Рекомендуется, чтобы туда поместилась, например, обычная фотография. Она должна быть сделана из дерева с как можно меньшим количеством металла. Можно из картона, но устойчивого.

- Два куска бумаги или картона, равные по размеру полу и потолку коробки. Эти листы будут приклеены на внутренней стороне коробки, на полу и на задней крышке, таким образом, чтобы при закрытии коробки они находились напротив друг друга - один внизу, другой вверху.

- Графитовый карандаш, паста
- Много листов для написания петиций.

Производственные инструкции: Здесь даны основные рекомендации, руководствуйтесь своей интуицией, если хотите что-то изменить.

- На двух листах бумаги или картона нарисуйте графитным карандашом символы Рейки II уровня (CKR, HSZSN, SHK, DKM) рядом или в треугольнике, с одной стороны, стараясь как можно больше покрыть поверхность бумаги. Имена можно поместить вместе с рисунками символов.

- Наклейте одну из этих бумажек на дно коробки символами вверх (чтобы было видно). Постарайтесь, чтобы бумага с нарисованными символами закрывала весь фон.

- Наклейте на заднюю крышку другую бумагу с видимыми символами так, чтобы при закрытой коробке оба набора символов видели друг друга. - Активизируйте символы, символизируя их, и дайте первое Рейки шкатулке.

Чо Ку Рэй Хон Ша Дзе Шо Нен

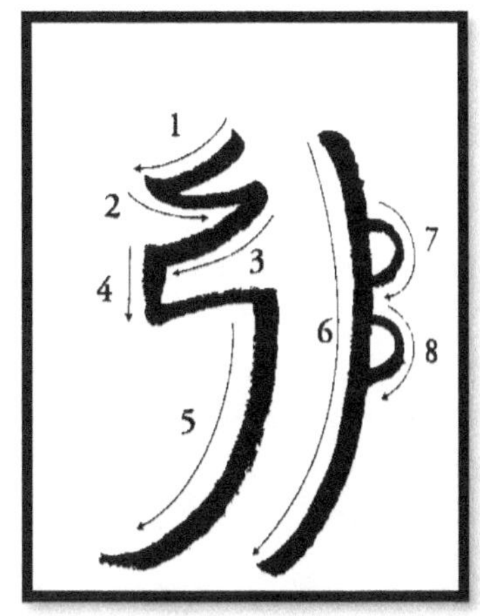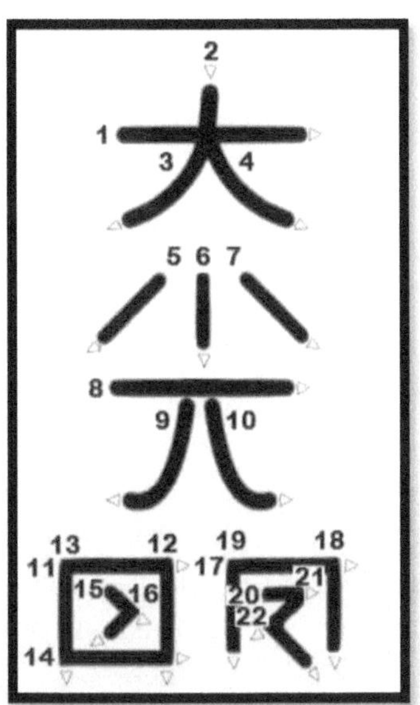

Сей Хей Ки Дай Ко Мио

Не существует идеального способа рисования символов, поэтому их эффективность зависит не от идеального рисования, а от связи, которая устанавливается с символом.

Символы могут быть активизированы различными способами. Например, их можно активировать, рисуя их рукой, визуализируя их или произнося их название беззвучно или вслух. Важен не метод, который человек выбирает для использования Рейки, а наше намерение, когда мы направляем и используем Рейки. Для некоторых достаточно просто подумать о символе, чтобы активизировать его силу и мощь.

Способ применения:

- Вы должны давать Рейки коробке, как если бы это был человек, по крайней мере, 10 минут в день (или столько, сколько Вы чувствуете), закладывая в нее и символизируя ее.

- Внутрь коробки вы поместите фотографии людей, которым вы хотите провести дистанционное исцеление, или бумаги с именами, датами рождения и адресами, или любые данные, которые у вас есть о людях, или кристаллы кварца, которые вы хотите держать заряженными (они хороши для запросов).

- Старайтесь, чтобы все заявления были написаны на отдельных листах бумаги.

- Когда вы захотите, вы можете вынуть любую бумагу и выбросить ее.

- В коробку можно поместить столько запросов, сколько поместится.

- Не позволяйте никому видеть коробку внутри (особенно символы).

- В любой момент можно исправить коробку по своему усмотрению, изменив, например, символы, повторив всю процедуру.

- Когда вы вспомните или увидите шкатулку, если вы не можете дать Рейки в течение 10 минут, пошлите ей с намерением символ Рейки, чтобы зарядить ее и действовать в соответствии со всеми просьбами, которые находятся внутри.

Кристалл Решетки

Кристаллические решетки — это мощный инструмент для проявления ваших намерений. Сила кристаллической решетки возникает в результате объединения энергий, возникающих между целебными камнями, сакральной геометрией и вашим намерением.

Сочетание силы кристаллов в геометрическом узоре усиливает ваше намерение, направленное на проявление результатов гораздо более быстрым способом. Какова бы ни была ваша цель, вы можете создать мощную комбинацию кристаллов в сети для привлечения или поддержания здоровья в вашей жизни.

Кристаллические решетки для здоровья

Первый шаг - решить, какую цель вы хотите проявить. Напишите на листе бумаги свои желания, касающиеся здоровья, обязательно в настоящем времени, они не должны содержать слово **НЕТ**. Например, "У меня идеальное здоровье".

Необходимые элементы.

- 1 Крупный аметистовый кварц (фокус)
- 4 Лайма
- 4 Кварц сердолик малый

- 6 Кварц "тигровый глаз
- 4 цитрина
- 1 Геометрическая фигура Цветка Жизни
- 1 Белый кварцевый наконечник активирует решетку

Цветок жизни.

Чтобы очистить камни от энергий, которые они могли впитать, прежде чем попасть к вам в руки, перед ритуалом их следует очистить кварцем, лучше всего морской солью. Оставьте их с морской солью на ночь. При извлечении камней можно также зажечь священную палочку и окурить их, чтобы усилить процесс очищения.

Геометрические узоры помогают нам лучше представить, как энергии соединяются между узлами. Узлы - это решающие точки в геометрии, это стратегические позиции, где вы разместите кристаллы, чтобы их энергии взаимодействовали друг с другом, создавая энергетические потоки высоких вибраций, (как будто это цепь), которые мы можем направить на наше намерение.

Подыщите тихое место, поскольку, работая с кристаллическими узорами, мы работаем с универсальными энергиями. Вы будете брать камни один за другим, класть их в левую руку, которая у вас будет в виде чаши, крышку с правой и громко повторять названия символов Рейки: Cho Ku Rei, Sei He Ki, Hon Sha Ze Sho Nen и Dai Ko Mio, по три раза подряд каждый. Это делается для того, чтобы наделить энергией ваши камни. Сложите бумагу и положите ее в центр сетки. Сверху поместите большой аметистовый кварц, этот камень в центре - фокус, остальные разместите так, как показано на *примере. Вы соедините их кварцевым наконечником, начиная с кругового фокуса в пользу стрелок часов. После установки гриля оставьте его в таком месте, где никто не сможет к нему прикоснуться. Каждые несколько дней необходимо переподключать его, то есть активировать кварцевым наконечником, мысленно представляя то, что вы написали на бумаге.

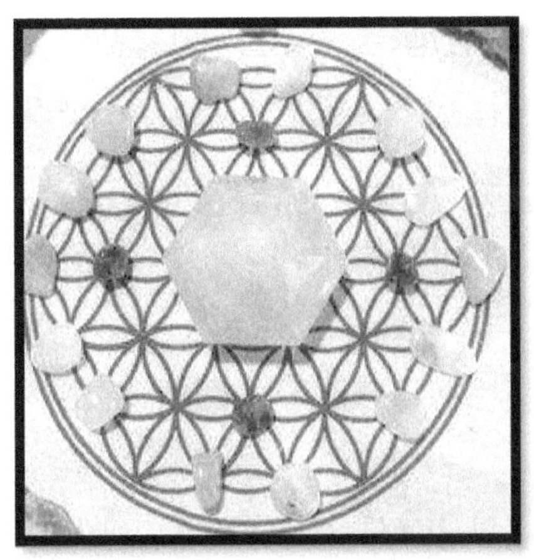

Пример.

Что такое маятник?

Мы не должны изощряться, давая такое определение. Маятник — это гибкий предмет из нити, цепочки и т.п., на конце которого закреплено тяжелое тело (отвес, кончик гвоздя, кварц и т.п.). Иными словами, если снять цепочку с шеи, даже если амулет - горный хрусталь, взять ее за один конец и дать кристаллу повиснуть, то он работает как маятник.

Термин "маятник" имеет этимологическое происхождение от латинского слова "pendulus", которое можно перевести как "отложенный". Его описание: твердое тело, которое из положения равновесия, определяемого неподвижной точкой, к которой оно подвешено, расположенной над его центром тяжести, может свободно колебаться сначала в одну, а затем в противоположную сторону.

Одним словом, это колеблющийся предмет, подвешенный к другому, из чего мы понимаем, что для этой практики подойдет любой предмет, способный выполнять функцию маятника, хотя если верно, что и его форма, и материал влияют, то главное — это человек.

Маятник — это один из методов обнаружения магнитного поля, который развился из использования ветвей некоторых деревьев для поиска подземных вод и плодородной почвы. В английском языке этот метод известен как "dowsing", и мы видели их в ковбойских фильмах, когда они искали воду, золото, а затем нефть.

В 1922 г. врач Альберт Абрамс опубликовал один из первых текстов о возможностях маятника в обнаружении и лечении некоторых заболеваний. Во время Второй мировой войны появились свидетельства о его использовании для поиска воды, посевов и предотвращения приближения вражеских войск.

Маятник качается потому, что ваше тело наделено сверхчувствительными органами чувств, способными принимать информацию с тонкого плана. Именно он направляет их в ваше подсознание, чтобы оно, в свою очередь, передало их вашему сознанию через незаметные бессознательные реакции мышц, проявляющиеся в том, как он совершает свои колебания. Таким образом, движение маятника в ваших руках есть не что иное, как видимый аспект вашей экстрасенсорной способности улавливать вибрации для преобразования их в мышечные реакции.

Использование маятника.

Несколько. Настолько разных, что от знания пола еще не родившегося ребенка до уровня интеллекта человека. Предсказать будущее. Найти решение проблемы и т. д.

Маятник позволяет нам проводить исцеления на расстоянии с чрезвычайно высоким процентом эффективности. Он дает нам возможность оценить, не поражен ли пациент какой-либо гипнопедией, хроническим заболеванием, восстановить энергию любви. С помощью маятника можно проводить и самолечение.

Использование маятника:

- Разблокировка, балансировка и усиление 7 чакр.

-

- Клеточное перепрограммирование. Устраните клеточную память о болезни и верните себе знание о совершенном здоровье.

-

- Лечение для обнаружения и очистки от магии, астральных лярв и проклятий.

- Аутическая герметизация. Обнаружение и устранение трещин в различных слоях ауры.

- Гармонизация пространства - еще одно преимущество маятника. Мы можем гармонизировать и нейтрализовать энергии, а также вибрировать высоко вибрационными энергиями в любом пространстве.

- С его помощью можно принимать решения и выяснять аспекты повседневной жизни.

- Чтобы выполнить запрос на угадывание "да" или "нет".

- Заинтересоваться целесообразностью проведения ритуала.

- За ответами и руководством от высших сущностей.

- Для анализа энергетического состояния отдельных участков тела человека.

- Используйте подходящее место для проведения ритуала.

- Найти, где скрыт источник негативной энергии, который вы хотите нейтрализовать.

- Найти потерянные предметы.

- Выберите цветы Баха или эфирные масла.

- Обнаружение вредных космических, теллурических, кармических, электромагнитных и человеческих волн.

- Найдите животных.

- Знать уровень и тип энергии в нашем доме.

- Поиск пропавших людей.

- Определите, какая реинкарнация прошлого является важной, узнайте дату, место, пол, цель жизни во время реинкарнации и даже причины смерти той прошлой жизни.

Маятник можно использовать в сочетании с другими элементами, например, с картами Таро для гадания.

Хотите узнать, какой цвет наиболее благоприятен для Вас в той или иной ситуации? Маятник поможет Вам выбрать цвет, который лучше всего Вам подходит.

М

методы, обеспечивающие нормальное функционирование маятника

Чтобы начать чтение с помощью маятника, необходимо:

- Маятник
- Тихое место
- Стол или ровное место для работы
- Бланки бумаги или таблицы с информацией. (Диаграммы).
- Ручка или карандаш.

Место и материалы.

Для работы с маятником необходимо тихое место. Желательно, чтобы это было место, где вы чувствуете себя хорошо и можете расслабиться или помедитировать. Сохраняйте открытость ума, чувствительность, внутренний мир и гармонию, концентрацию и глубокое расслабление.

Для проведения консультаций необходимо иметь ровную поверхность. Чаще всего это стол. Мы садимся перед ним и подвешиваем маятник на него или на бумаги или предметы, которые мы будем использовать, но все на этой ровной поверхности.

Поведение в сессиях.

Как и в любом гадательном искусстве, перед каждым сеансом и после него следует благодарить, в соответствии со своими убеждениями (своих ангелов-хранителей, духов-проводников). В данном случае необходимо просить их направлять нас и благодарить. Каждый сеанс должен проводиться с полным уважением, потому что, как нечто серьезное, он этого заслуживает.

Желательно не скрещивать руки и ноги, так как в этом случае левая и правая полярности смешиваются, и поток энергии прерывается.

Помните, что ювелирные украшения, серьги, браслеты или кварцевые часы могут препятствовать магнитному полю.

Маятник, который вы используете во время сеанса, должен быть для вас особенным. Если это еще не так, то так и будет, когда вы начнете поддерживать с ним связь. Обращение с ним простое и понятное, распознаются два состояния: колебание и неподвижность. Эти два противоположных факта, пауза и движение, расскажут вам о многом, когда вы научитесь пользоваться маятником.

Никогда не заставляйте маятник качаться рукой сознательно. Не следует также пытаться сдвинуть его мысленно (вполне вероятно, что это удастся). Вы должны брать его мягко и без напряжения.

Для работы маятника необходим определенный уход. Необходимо регулярно пускать на маятник холодную воду, чтобы он периодически очищался с энергетической точки зрения.

Это особенно важно, поскольку в процессе использования маятник может быть заряжен отрицательными энергиями, что может привести к ограничению его маятниковых возможностей. Не следует никому давать свой маятник на время: маятник лучше всего работает, если он адаптирован к вашим вибрациям. Храните маятник в энергетически спокойном месте, например, в месте медитации, на друзе из кварцевого кристалла или под правильно построенной и хорошо ориентированной пирамидой.

Не следует пользоваться маятником, если вы устали, физически или психически больны, если идет гроза, желательно не на виниловых полах и синтетических коврах. Не следует выставлять себя на всеобщее обозрение и проводить демонстрации скептикам. При приеме лекарственных препаратов следует подождать около 6 часов, чтобы использовать его.

Очистка маятника

Наиболее распространенными формами являются:
- Встряхните его, держа обеими руками, заключив маятник между ними, и подуйте на него.
-При курении используется ладан или Пало Санто.-Попадает под струю воды, пока вы представляете, как вся темная энергия уходит.
-Позвольте солнцу осветить вас в течение нескольких часов.
- Он размещен на графе Антакарана.
- После проведения сеанса маятниковой терапии поместите его в холодильник не менее чем на 2–3 часа подряд.
- Возьмите небольшую емкость, наполните ее морской солью и закопайте в нее маятник не менее чем на 8 часов.
- Закопайте маятник в горшок на несколько часов или, если хотите, на всю ночь - земля поглотит всю плохую энергию, содержащуюся в маятнике.

Можно также положить его в чашу с морской солью, так как она очищает, и соль вытянет все негативные энергии, привязанные к нему. Мы оставили его заряжаться на всю ночь при свете луны, а на следующий день - при солнечном свете.

Металлические и деревянные изделия должны быть высушены идеально, иначе они заржавеют или испортятся.

После очистки мы будем держать его в руках, чтобы энергия текла между ними. Такую очистку целесообразно проводить перед первым использованием, вновь приобретенного предмета, а также после использования его в наших вопросах. Как и любой предмет, к которому мы испытываем определенную привязанность, мы должны хранить его и оберегать от энергетических потоков.

Освящение маятника.

Освящение придает маятнику большую силу, делает его более напористым, то есть он реже ошибается и дает неправильные ответы, а также защищен от негативных энергий, которые могут на него воздействовать.

Акт, который подразумевает освящение, — это освобождение от внешних вибраций. Это как бы завет с тем, кто будет его использовать, поскольку освящение — это акт предложения тому, кто будет его использовать, силы этого предмета. Наши амулеты или магические предметы всегда должны быть освящены, и маятник не является исключением.

Они должны быть заряжены пятью элементами, т. е. огнем, землей, воздухом, водой и эфиром (духом).

- Огонь: необходимо провести маятником над пламенем свечи, если она имеет пирамидальную форму, то это гораздо мощнее. Держа его в течение нескольких минут над этим огнем, нужно громко повторять: "Ego facio in elementis ignis Sicut salamandrae draconem elemental active viribus curandi potestas et igni".

- Земля: Маятник необходимо закопать не менее чем на 12 часов в землю или морскую соль. Во время закапывания Вы должны повторять вслух: "Im 'particularum vires terræ loading, per virtutem enim huius terrae magicae gnomes phylacterium fortior sit".

- Воздух: Вы должны передать своему маятнику дым Пало Санто или Шалфея. Во время изготовления благовония нужно громко повторять: "Im 'charring caeli elementaribus aquis, silfos sapis atque purissimum elementaris Deneme equitibus."

- Вода: Вы должны поместить свой маятник в контейнер со святой, дождевой или морской водой, если материал позволяет это сделать. Если нет, то поставьте контейнер сверху или рядом с ним и оставьте его в таком положении на 24 часа. Во время размещения повторяйте вслух: "Adiuro vos per virtutem aquaeelementaris materia s doque Tellurem cogitationes hominum sensusque malo colligit. humilitatem meam super Devas mandat".

- **Эфир**: нужно взять маятник в руки и, закрыв глаза, громко повторять: "Ego ferre elementum phasmatis industria, Et impletum est omne desiderium meum numina mala bullas signati".

Таким образом, вы освятили свой маятник.

Маятниковое программирование.

Каждый волен сам решать, с какими движениями маятника ему удобнее работать.

Движений маятника может быть несколько:

Слева направо или справа налево.
Сверху вниз или снизу вверх.
По кругу по часовой стрелке.
По кругу против часовой стрелки.
Наклон вправо.
Косое направление влево.
Фиксируется на месте с помощью вибрации.

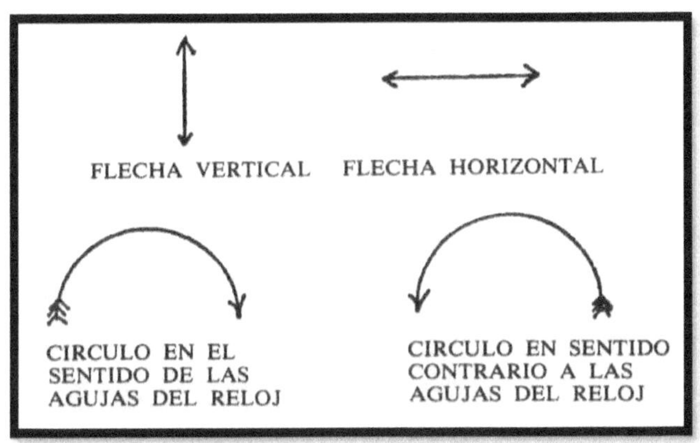

Да или Нет Программирование.

Реакция маятника на движение может быть различной в зависимости от того, кто его использует.

Это самая простая техника работы с маятником. Все остальные методы являются вариациями. Ее можно использовать для всего. Просто задайте вопрос, на который можно ответить "да" или "нет". Самый распространенный - спросить свое имя. Держите маятник правой рукой над ладонью левой руки.

В соответствии с ответом, который я вам дам, определите его с одним из движений графиков s. Это не всегда должен быть общепринятый ответ, то, что для меня **"ДА"**, для вас **"НЕТ"**. **SI** может относиться к вертикальному движению, хотя традиционно это движение означает **НЕТ. То** же самое с круговым движением, движение против часовой стрелки обычно означает **НЕТ,** но ваш маятник выбирает это движение как **СИ.**

Когда маятник не знает ответа, он, как правило, стоит на месте или тихо позвякивает. (Это также может свидетельствовать о недостатке энергии или программировании).

Маятники, используемые в целительстве

Маятник из авантюрина.
Служит для очищения и защиты сердечной чакры. Помогает избавиться от эмоциональных проблем. Привлекает изобилие. Способствует открытию сердца и разума для новых возможностей.

Селенитовый маятник.
Он очищает ауру и усиливает притяжение целительных энергий.

Маятник из белого кварца.
Он очищает ментальную, духовную и эмоциональную энергии. Кроме того, он выступает в качестве балансира этих энергий.

Маятник из розового кварца.
Он уравновешивает эмоции, передает мир и спокойствие.

Маятник из оникса

Изготовлен из оникса - камня, поглощающего и модифицирующего негативные энергии. Способствует гармонизации. Снижает уровень тревожности.

Металлический маятник.

Он связан со стихией огня и обладает энергетической и защитной силой. Он привлекает процветание и исцеление.

Маятник и чакры

На неприятные переживания большинство людей реагируют блокировкой своих чувств и прекращением естественного потока энергии.

Это влияет на развитие чакр, что приводит к торможению сбалансированной психологической функции. Когда человек блокирует любой свой опыт, он тем самым блокирует свои чакры. Чакры закрываются, засоряются застойной энергией, вращаются неравномерно или в обратную сторону (против часовой стрелки) и даже, в случае болезни, сильно обезображиваются.

Существует 7 чакр: Они находятся в макушке, между бровями, в горле, в груди, в солнечном сплетении, в нижней части живота и в основании позвоночника. Каждая из 7 чакр имеет цвета радуги, и при правильном их использовании можно открыть ту или иную чакру.

Первая чакра - красная, расположена у основания позвоночника и связана с размножением, питанием и базовыми потребностями.

Вторая чакра - оранжевая, расположена под животом. Она связана с творчеством, способностью отдавать и получать, питает иммунную систему, гармонизирует эмоции.

Третья чакра - , находится в солнечном сплетении (на два пальца выше пупка). Она отвечает за выработку тепла в организме. Это чакра эмоций. Она питает желудок, печень, желчный пузырь, селезенку и нервную систему.

Четвертая чакра имеет зеленый цвет и является чакрой, связанной с сердцем. В ней сосредоточены чувства и безусловная любовь. Она питает сердце и кровеносную систему.

Пятая чакра - голубая, расположена в горле - это центр общения. Она соответствует щитовидной железе.

Шестая чакра имеет цвет индиго и расположена между бровями. Это третий глаз, ясновидение, интуиция. Это центр, где происходит контакт с внутренним учителем.

Седьмая чакра - фиолетовая, находится в короне и соответствует потустороннему миру, божественности, духовности.

При нормальном функционировании чакр **они вращаются по часовой стрелке, получая** необходимые им энергии из вселенского поля. Вращение по часовой стрелке забирает энергию из Вселенной и переносит ее в чакру, при этом считается, что чакра открыта для энергий.

Когда чакра **вращается против часовой стрелки,** энергетический ток течет из тела наружу, мешая ассимиляции энергий. То есть необходимые нам энергии не поступают в чакру, следовательно, чакра закрыта для энергий.

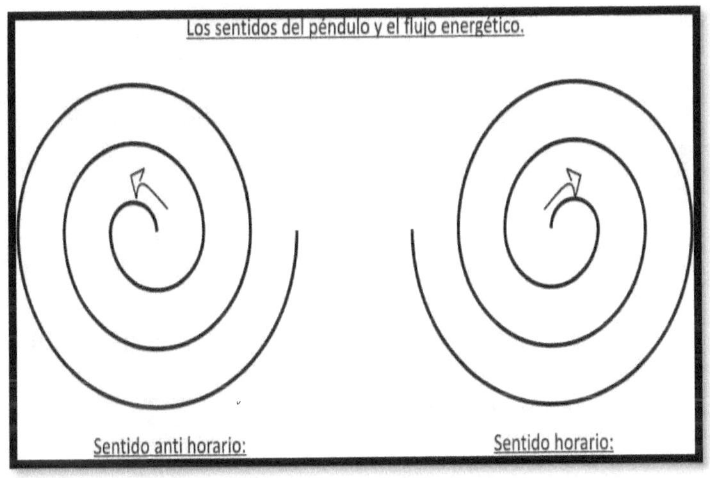

У большинства людей три или четыре чакры вращаются **против часовой стрелки** в определенное время, с помощью маятника мы можем привести их в равновесие. Поскольку чакры являются не только метаболизаторами энергии, но и ее детекторами, они дают информацию об окружающем нас мире. Когда чакры текут против часовой стрелки, мы высвобождаем свою энергию, посылая ее в мир, обнаруживаем посланную энергию и говорим, что это и есть мир. В психологии это называется проекцией.

Коды для измерения энергии чакр

R = в пользу часов.

Открытое, ясное восприятие действительности, удовлетворительная жизнь.

CR = противоположный тактовый генератор.

Закрытые, негармоничные, блокирующие, негативные переживания.

I = неподвижность.

В нем не происходит энергетического обмена, что может привести к заболеваниям.

H = горизонталь

Он сохраняет энергию и чувства для себя. Человек чувствует себя одиноким, покинутым. Удержание чувств с целью избежать личного взаимодействия.

V = вертикаль

Это отвлекает энергию, позволяет избежать личного взаимодействия.

EM = подвижная ось

Изменения, хаос.

DD = правая диагональ

Перегрузка мужской энергией и агрессивность. Гнев, тревога, злость, страх, отверженность, неуверенность в себе.

DI = левая диагональ

Перегрузка женской энергией и пассивность. Усталость, депрессия, грусть.

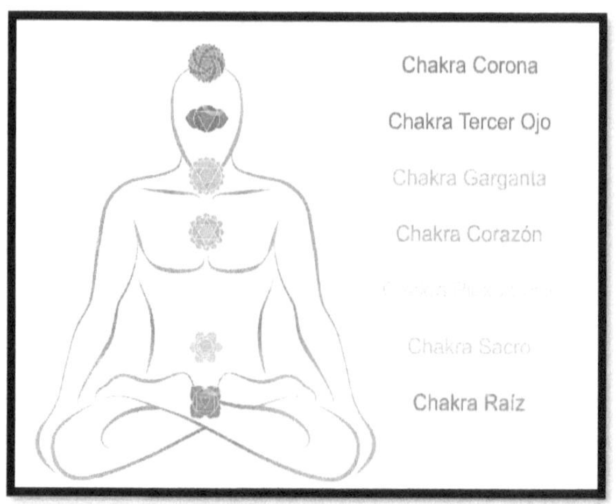

При работе с энергетическим полем человека или другого живого существа мы можем определить области, на которых будет качаться маятник, наблюдая за его поведением при прохождении над телом человека.

При работе с энергетическим полем человека или другого живого существа мы можем определить области, на которых будет качаться маятник, наблюдая за его поведением при прохождении над телом человека.

Для измерения чакр попросим человека лечь на спину. Держа маятник примерно в 4-5 см от тела этого человека, проведем маятником над областью его 7 чакр. Когда маятник покажет небольшую вибрацию, мы остановимся над этой областью, чтобы начать работу по восстановлению энергии.

Помните, для последующей диагностики, что движения имеют свое значение.

- Против часовой стрелки: Маятник будет растворять энергетический застой.

- В прямом направлении: Маятник будет "разрезать" массу плотной энергии, пытаясь изменить направление вращения или корректируя направление, в котором данная чакра управляет энергией.

- По часовой стрелке: Маятник будет уплотнять область после работы по диссоциации. Для его использования необходимо дать маятнику возможность работать на участке до тех пор, пока не прекратятся все движения.

Величина и направление колебаний маятника указывают на количество и направление энергии, проходящей через чакру.

Очень важно иметь терпение, пульс и хорошую осанку, ни в коем случае не влиять на движение маятника, чтобы он мог выполнять свою работу без нашего вмешательства. Идеальный вариант - держать ум пустым.

Примечание: "открытой" или "закрытой" она называется только для справки, но НИКОГДА ни одна чакра не закрывается, это происходит только тогда, когда человек ушел из жизни.

Именно эти цвета и камни лучше всего использовать в процессе исцеления чакр.

1 - Красный, серый, черный. Красный агат, красный коралл, рубин, атерин, дымчатый кварц, обсидиан.

2- Оранжевый, коричневый сердолик, золотистый кальцит, лунный камень.

3- Желтый, золотой янтарь, цитрин, тигровый глаз, топаз, желтый сапфир, пирит.

4- Зеленый, розовый. Зеленый кварц, розовый кварц, нефрит, турмалин, малахит.

5 - Светло-голубой. Голубой кварц, аквамарин, голубой сапфир, халцедон, бирюза

6- Индиго-синие агаты, лазурит, кальцит, белый кварц, содалит.

7- Аметист фиолетовый, белый кварц, фиолетовый агат, алмаз, селенит.

Если вы хотите измерить свои собственные чакры, вы можете воспользоваться этим графиком и узнать, какова их энергетика.

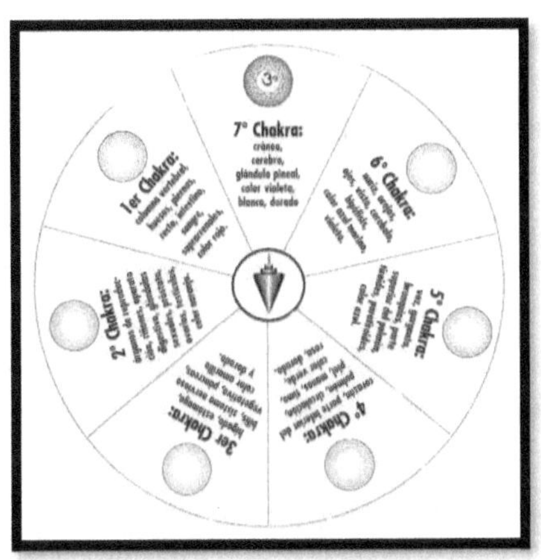

Дефицит энергии в зависимости от цвета

Светолечение или хромотерапия - одно из наиболее интересных направлений исследований в современной терапии. Терапевтические возможности использования цвета известны уже тысячи лет, но их познание ограничивалось эзотерическими группами.

После того как вы определили свой резонансный цвет, начните носить его на своей одежде, насколько это возможно в рамках хорошего вкуса.

Вы почувствуете, что стали энергичнее и меньше подвержены болезням. Когда Вы почувствуете усталость, возьмите в руки ленточки или бантики этого цвета и посмотрите на них. Покрасьте в этот цвет свою спальню, чтобы его лучи омывали Вас во время сна.

Подержите маятник над каждым цветом и спросите: "Есть ли у меня недостаток красного цвета?

193

Не хватает ли мне оранжевого?" и продолжайте до тех пор, пока не закончится список. Если маятник положительно качнется на каком-либо из цветов, сделайте отметку внизу и продолжайте спрашивать.

По окончании работы вы обнаружите, что у вас двух- или трехцветная недостаточность. Это нормально. В очень редких случаях, особенно после эмоционального кризиса, людям требуется больше трех, а иногда и весь спектр.

Какими бы они ни были, вы должны их вернуть. Это достигается различными способами. Некоторые используют цветные лампы и заставляют пациента находиться под определенным цветом в течение определенного времени. Если вы используете этот метод, то с помощью маятника можете узнать, сколько времени он должен находиться под лампой. Другие заставляют пациента пить цветные стаканы с водой. Для этого на стакан с водой ставится цветной фильтр, который на определенное время выставляется на солнце. Солнечная энергия, проходя через фильтр, выводит цвет в воду. Время, необходимое для этого, можно проверить по маятнику и узнать, сколько стаканов воды нужно в каждый момент времени.

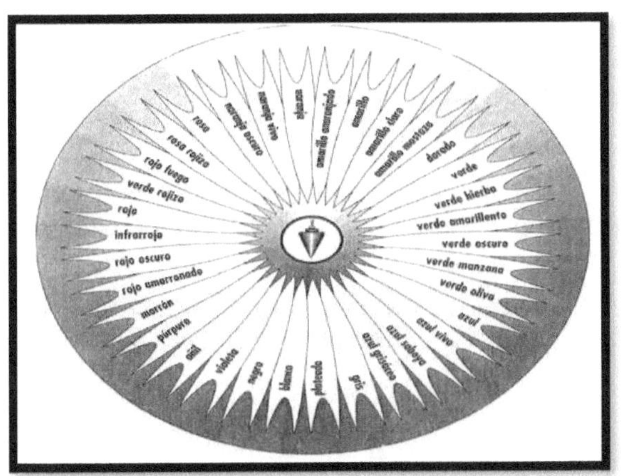

rosa
naranja oscuro
naranja vivo
crema
amarillo anaranjado
amarillo
amarillo claro
amarillo mostaza
dorado
verde
verde hierba
verde amarillento
verde oscuro
verde manzana
verde oliva
azul
azul vivo
azul sahara
azul grisáceo
gris
plateado
blanco
negro
violeta
añil
púrpura
marrón
rojo amarronado
rojo oscuro
infrarrojo
rojo
verde rojizo
rojo fuego
rosa rojizo

Библиография

8/24/2019

https://despabilate.com/agesta-codigos-sagrados-lista-completa/

AGESTA, José Gabriel Uribe Священные коды, ПОЛНЫЙ СПИСОК

Примечание: В этой книге собраны музыкальные произведения, опубликованные автором в предыдущих книгах: "Деньги для всех карманов" и "Любовь для всех сердец".

Эпилог

Жизнь будет иметь смысл, если в мире есть существа, способные творить волшебство, когда они испытывают страсть!

Магия во все времена работала на тех, кто овладевал ее секретами. На протяжении веков магия использовалась для самых разных целей. Магия есть в каждом уголке, нужно только внимательно наблюдать. В течение жизни мы переживаем множество событий, доказывающих существование магии, хотя некоторые предпочитают называть их чудесами.

Магия — это мост, который позволяет перейти из видимого мира в невидимый. И усвоить уроки обоих миров.

Об авторе

Помимо астрологических знаний, Алина Руби имеет богатое профессиональное образование: она имеет сертификаты по психологии, гипнозу, Рейки, биоэнергетике, является духовным инструктором. Она владеет знаниями в области геммологи, с помощью которых программирует камни или минералы и превращает их в мощные амулеты или талисманы защиты.

Руби обладает практичным и целеустремленным характером, что позволило ей иметь особое, интегрирующее видение нескольких миров, способствующее решению конкретных проблем. Алина пишет ежемесячные гороскопы для сайта Американской ассоциации астрологов; их можно прочитать на сайте www.astrologers.com. В настоящее время ведет еженедельную колонку в газете El Nuevo Herald на духовные темы, которая выходит каждую пятницу в цифровом виде и по понедельникам в печатном. В газете Diario las Américas у него есть своя цифровая колонка по астрологии - Rubi Astrologa.

Руби - автор нескольких статей по астрологии для ежемесячного издания "Today's Astrologer", преподаватель астрологии, Таро, чтения по руке, астрологии и эзотерики. По понедельникам каждого месяца на своей странице в Facebook проводит прямые эфиры с еженедельным гороскопом. Вел собственную астрологическую программу, которая ежедневно транслировалась на телеканале Flamingo T. V., давал интервью нескольким программам Т. В. и радио, каждый год выходит его "Астрология Анурия" с гороскопом по знакам и другими интересными мистическими темами.

Она является автором книги "Рис и бобы для души", сборника эзотерических статей, изданного на английском и испанском языках, "Деньги для всех карманов", "Любовь для всех сердец", входящих в эту трилогию заклинаний и ритуалов.

Руби прекрасно владеет английским и испанским языками, сочетая в своих чтениях все свои таланты и знания. В настоящее время он проживает в Майами, штат Флорида.